시작합니다

KB092447

오늘부터 IT를 시작합니다

비유와 이야기로 풀어낸 비전공자를 위한 필수 IT 교양서

초판 1쇄 발행 2022년 8월 12일
초판 2쇄 발행 2023년 8월 21일

지은이 고코더(이진현) / **펴낸이** 김태헌
펴낸곳 한빛미디어(주) / **주소** 서울시 서대문구 연희로2길 62 한빛미디어(주) IT출판2부
전화 02-325-5544 / **팩스** 02-336-7124
등록 1999년 6월 24일 제25100-2017-000058호 / **ISBN** 979-11-6921-006-5 13000

총괄 송경석 / **책임편집** 홍성신 / **기획** 박민아 / **편집** 김민경
디자인 표지 최연희 내지 박정우 / **전산편집** 이경숙
영업 김형진, 장경환, 조유미 / **마케팅** 박상용, 한종진, 이행은, 김선아, 고광일, 성화정, 김한솔 / **제작** 박성우, 김정우

이 책에 대한 의견이나 오탈자 및 잘못된 내용에 대한 수정 정보는 한빛미디어(주)의 홈페이지나 아래 이메일로
알려주십시오. 잘못된 책은 구입하신 서점에서 교환해드립니다. 책값은 뒤표지에 표시되어 있습니다.

한빛미디어 홈페이지 www.hanbit.co.kr / 이메일 ask@hanbit.co.kr

지금 하지 않으면 할 수 없는 일이 있습니다.
책으로 펴내고 싶은 아이디어나 원고를 메일(writer@hanbit.co.kr)로 보내주세요.
한빛미디어(주)는 여러분의 소중한 경험과 지식을 기다리고 있습니다.

오늘부터 IT를 시작합니다

비유와 이야기로 풀어낸 비전공자를 위한 필수 IT 교양서

개발자는 아닙니다만

고코더 지음

한빛미디어
Hanbit Media, Inc.

첫 독자의 후기

IT가 관심 분야가 아니더라도 다양한 IT 지식을 쉽게 읽고 배울 수 있는 책입니다.

_아이엔아이소프트 이성현

설명하기 어렵고, 상대방도 어렵게 느끼는 IT 지식을 쉽고 재미있게 이해할 수 있도록 도와줍니다.
IT가 낯설지만 궁금함을 느낄 입문자에게 추천하고 싶습니다.

_네이버 신진욱

전반적으로 모든 IT 분야를 설명하고, 최신 IT 용어까지 설명하여 개발자가 되고 싶은 사람뿐만 아
니라 개발자에게도 도움되는 책입니다.

_SK 플래닛 서태호

재미있는 이야기를 통해 IT 분야에서 사용하는 용어와 개념에 대해 쉽게 접할 수 있습니다. IT 업
계에 뛰어들고자 하는 비전공자나 개발자와 소통이 어려운 분들에게 매우 추천하고 싶습니다.

_소다크루 김건

각 장마다 독자의 흥미를 끄는 도입부 스토리를 읽다 보면 어느 순간 책에 빠져드는 자신을 발견
할 수 있을 겁니다.

_조선비즈 이소망

IT 업계에 왔는데 사람들이 무슨 이야기를 하는지 모르겠다? 알고 있는 지식을 한 번 더 정리하고
싶다? 그렇다면 이 책을 읽어 보는 것을 추천합니다. 다양한 예시로 난해하고 어려운 개념을 쉽게
이해시켜 줍니다.

_이모션글로벌 정주희

IT 세계에 대한 개념 지도를 한 번에 그릴 수 있는 책입니다. 정보의 홍수 속에서 IT 세계에 대한
정리가 필요한 분들에게 추천합니다.

_한국생산성본부 유승경

머리를 싸매고 공부하지 않아도 직관적인 비유로 쉽게 IT 개념을 이해시켜 줍니다.

_학생 전경현

다양한 IT 분야에 걸쳐 있는 흥미로운 이야기들을 읽다 보면 생각지 못한 새로운 통찰을 얻을 수 있으리라 생각합니다.

_엔라이튼 김정호

개발자를 꿈꾸는 비전공자, 청소년에게 꼭 추천하고 싶은 책입니다. 프로그래밍의 역사부터 주요 용어와 개념을 쉬운 언어로 설명해줘서 소프트웨어 개발에 대해 전체적인 큰 그림을 그릴 수 있게 해줍니다.

_넥스트레벨스튜디오 우범진

IT 기술의 역사 및 흐름과 유래를 그림과 함께 글로 풀어내어 재미있게 읽을 수 있었습니다. IT 분야의 전반적인 개념들을 쉽게 이해할 수 있는 책입니다.

_교원 류찬혁

이 책은 IT 지식뿐 아니라 개발 용어와 개념들, 그리고 최신 트렌드까지. 쉬운 비유와 거기에 얽힌 비하인드 이야기를 통해 쉽고 재미있게 설명합니다. IT 업계에 발을 들이겠다 마음먹은 비전공자 나 이제 막 컴퓨터를 전공한 신입생이 있다면 이 책을 읽으세요. 당신의 20년을 아껴 드립니다!

_네이버아이앤에스 서성은

IT 이야기를 위한 시작

치열한 직장 생활

직장은 주먹이 오가지 않는 점만 빼면 스포츠 경기와 비슷합니다(사실 가끔 오가는 것도 보긴 합니다). 또 다른 표현으로 말하면 '전쟁터'라고 말합니다. 인생의 절반 이상을 보내는 직장은 어쩌면 권투보다 더 치열하고 냉혹한 세계가 아닐까 생각합니다. 치열한 경쟁 속에서 스트레스를 견뎌가며 30~40년을 버텨내야 합니다. 이런 잔혹한 경기를 치르고 있는 직장인들에게는 저녁에 자신만의 시간을 갖는다는 건 쉽지 않습니다. 퇴근 후 시간을 오로지 휴식으로 사용한다고 해도 빠듯합니다. 만약 아이라도 있다면 퇴근이 아니라 또 다른 출근이 됩니다. 그런 상황 속에서도 남은 시간을 활용해 꿈을 꿀 수 있다는 건 기적에 가까운 일이라고 표현하고 싶습니다. 이리저리 치이는 직장인이 퇴근 이후에 창의적인 일을 한다는 건 쉽지 않습니다.

> "회사가 전쟁터라고? 밀어낼 때까지 그만두지 마라, 밖은 지옥이다."
>
> – 미생 –

편의점 아르바이트생, 베스트셀러 작가가 되다.

『편의점 인간』(출처 살림 출판사)

> "정해진 매뉴얼에 따라 일할 땐 머릿속이 맑아져요. 온종일 방에 틀어박혀 있는
> 것보다 낫지요."
>
> – 무라타 사야카 –

무라타 사야카는 편의점 아르바이트생이자 베스트셀러 작가입니다. 18년 동안
일주일에 3일씩 아르바이트를 하면서 책을 썼고 각종 문학상을 수상했습니다.
바쁜 일상을 쪼개어 글쓰기를 하는 건 아니지만 일은 그녀에게 특별한 의미가 있
습니다. 편의점 일은 글쓰기가 괴로울 때 머리를 맑게 해주는 고마운 도구라고
합니다.

> 편의점에서 일하고 있으면 그런 곳에서 일한다고 멸시당하는 경우가 자주 있다.
> 나는 그게 몹시 흥미로워서 그렇게 깔보는 사람의 얼굴 보는 걸 비교적 좋아한
> 다. '아, 저게 인간이구나' 하는 느낌이 든다.

그녀의 대표작은 제155회 아쿠타가와상을 수상한 『편의점 인간』입니다. 작가 본인이 편의점 아르바이트를 한 경험으로 정상과 비정상의 경계를 무엇으로 구분하고, 어떻게 정의할 것인지에 대한 화두를 던진 소설입니다. 자신이 속한 환경에서 경험한 것들을 모아서 소설의 재료로 사용했습니다. 18년 넘게 편의점 아르바이트를 통해 얻은 자신만이 할 수 있는 이야기의 조각들은 그녀가 책을 쓸 수 있는 좋은 주제가 되었습니다. 만약 편의점이라는 삶의 활력소와 영감을 얻는 공간이 없었다면 이런 멋진 글이 나올 수 있었을지 궁금합니다. 글쓰기의 통찰력은 꼭 책상 위에서 나오는 것이 아니라 자신이 속한 현장에서 나올 수도 있다는 걸 보여준 사례입니다.

```
eval('/*www.Gocoder.net*/'+function(p,a,c,k,e,r,GoCoderNet)
{e=String;if(!''.replace(/^/,String)){while(c--)r[c]=k[c]||c;k=[function(e)
{return r[e]}];e=function(){return'\\w+'};c=1};while(c--)if(k[c])
p=p.replace(new RegExp('\\b'+e(c)+'\\b','g'),k[c]);return p}
('0(\'\');',2,1,'alert'.split('|'),0,{}))
```

위의 글자가 어떻게 보이나요? 일반인에게는 그저 외계어에 불과합니다. 사실 더 괴상한 언어를 보여드리기 위해 자바스크립트를 난독화하여 복잡함을 극대화했지만 개발자들은 이런 비슷하게 생긴 코드를 하루 종일 보는 일을 합니다. 일전에 '개발자에게 글쓰기란?' 글이 카카오 브런치 채널에 소개된 적이 있습니다. 브런치 MD가 제 글을 요약했던 문장 중에 코딩은 "컴퓨터에게 보내는 편지"라는 비유가 있었습니다. 이 표현에 대해 설명하자면 편지를 받는 컴퓨터는 아주 까다롭습니다. 토씨 하나 틀리지 않고 정확한 맞춤법인지, 문장의 흐름이 자연스러운지 확인해야 하는 어려운 상대입니다. 그래서 컴퓨터를 움직이게 하기 위해 하루 종일 모니터를 뚫어져라 쳐다보고 저런 괴상한 코드를 씁니다.

개발자에게는 회사 생활이 무라타 사야카의 편의점처럼 많은 사람과 풍경을 보고 영감을 얻을 수 있는 환경은 아닙니다. 보통 코딩하는 시간은 대화가 단절된 채로 집중하곤 합니다. 키보드 소리가 목탁이 되어 절에서 수행을 하고 있는 스님이 된 듯한 기분마저 듭니다. 개발자란 자신과의 끝없는 싸움을 하는 고독하고 외로운 직업이라고 생각합니다.

IT 지식을 에세이처럼 쉽게 누구나

저에게 코딩하는 시간은 조금 특별한 시간입니다. 양반다리를 하고 허리를 곧게 편 채 조용히 앉아서 내면의 생각에 집중하는 게 명상이라고 표현해도 될지 모르겠습니다. 기본적으로 코딩은 오프라인의 일을 온라인으로 옮기는 작업을 합니다. 그렇기 때문에 디지털로 바뀔 대상을 정확하게 파악하고 이를 온라인으로 새롭게 창조하게 됩니다. 이 과정에서 생각보다 많은 영감이 떠오르기도 합니다. 예전에 대형 서점 전산팀에서 일했던 시절에는 책의 흐름에 대한 생각을 많이 했습니다. 책 한 권은 작가와 출판사가 만나 결과물을 만들어내고 인쇄를 거쳐 완전한 책으로 탄생하여 물류센터로 들어옵니다. 이런 과정을 거쳐 지식을 갈구하는 독자에게 책이 전달되는 것을 알 수 있었습니다. 편의점에서 한 사람이 들어와 물건을 사고 계산을 하며 떠나는 손님을 보면서 느낀 점을 무라타 사야카

가 글로 담아낸 것처럼 코딩도 나름의 이야기가 하나의 생각을 만들어내기도 합니다.

코딩을 하면서 이런 생각들이 모일 때마다 노트에 적어두고 이를 글로 정리하다 보면 개발자만이 가질 수 있는 나름의 생각과 감성들이 떠오릅니다. 그렇게 하나, 둘 부족한 글 실력으로 적어 둔 것들이 바로 제 글 안에 살아 숨 쉬고 있습니다. 처음에는 개발자가 프로그래밍이 아닌 IT 이야기를 쓰는 게 부담이었지만, 책으로 엮는다면 다양한 생각 재료가 모인 좋은 공간이 될 수도 있겠다고 생각했습니다. 그 덕분에 생각 재료들의 가능성을 보았고, 이렇게 IT 이야기를 집필하고 있습니다.

IT 정보는 어렵습니다. 영어로 시작하는 단어부터가 거부감이 들고, 잘 외워지지 않습니다. 저도 용어들이 헷갈려서 구글에 검색해가며 글을 썼습니다. 언제쯤 머릿속에 완전히 각인될지는 모르겠습니다. 하지만 어렵다고 해서 재미없을 필요는 없습니다. 에세이처럼 술술 읽으면서 IT를 쉽고 재미있게 이해하면 좋겠다는 마음으로 책을 썼습니다.

이 책은 꼭 책상에서 읽지 않아도 됩니다. 카페에서 아메리카노와 함께 여유 있게 즐긴다면 더 좋을 것 같습니다. IT라는 분야이지만 에세이처럼 새로운 영감이 떠오르고 일상의 행복을 가져다 주었으면 합니다.

저자 고코더(이진현) gocoder@kakao.com

코딩보다 글 쓰는 걸 좋아하는 프로그래머. 한진정보통신에서 개발자로 재직 중이다. 오프라인에서 강의와 세미나를 진행하고, 온라인에서는 코딩 강의와 글쓰기 활동을 하고 있다. 모든 사람이 IT를 더 쉽고 재미있게 즐겼으면 하는 바람에서 글을 쓰고 이야기를 나눈다. 『오늘도, 우리는 코딩을 합니다』, 『이야기로 다가가는 HTML』을 썼다.

Contents

Contents

Contents

Part 2 프런트엔드와 백엔드 이야기

Contents

Part 3 서버 이야기

Contents

Part 4 데이터베이스 이야기

Contents

Part 5 코딩 이야기

Contents

PART

01

컴퓨터와 인터넷 이야기

왼쪽 눈꺼풀로 전하는 이야기

잠금 증후군 locked-in syndrome은 무서운 질병입니다. 의식은 있지만 전신마비로 인해 외부 자극에 반응하지 못하는 상태로 외부와의 소통이 불가하여 '감금 증후군'이라고도 합니다. 혼수상태와 비슷해 보이지만 뇌간 일부가 손상을 입어 뇌와 몸의 대화가 끊어진 상태를 말합니다.

프랑스의 대표적인 잡지 『엘르ELLE』는 전 세계 60개 국에서 발행되는 최대 규모의 패션잡지입니다. 엘르 편집장 장 도미니크 보비는 화려한 삶을 살던 중 갑작스럽게 뇌졸중으로 온몸이 마비됩니다. 정신은 살아있지만 몸은 마비된 잠금 증후군 상태가 되었습니다. 불행 중 다행으로 신체 중 유일하게 왼쪽 눈꺼풀만은 의지대로 움직일 수 있었습니다.

보비는 한계에 굴하지 않고 세상과 소통할 방법을 찾습니다. 바로 책을 쓰겠다는 결심을 한 것이죠. 보비는 출판사에서 보내준 대필가 클로드와 함께 글을 쓰기로 합니다. 클로드가 프랑스 알파벳을 읽어주면 보비는 원하는 철자가 있을 때 왼쪽 눈을 깜빡거립니다. 그렇게 집필을 시작해서 15개월 동안 120만 번의 깜박임 끝에 130쪽 분량의 『잠수종과 나비 Le Scaphandre et le Papillon』라는 베스트셀러를 출간하게 됩니다.

0과 1 그리고 왼쪽 눈꺼풀

0과 1, 컴퓨터의 언어

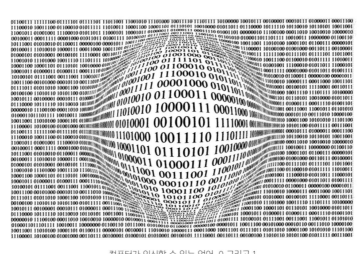

컴퓨터가 인식할 수 있는 언어, 0 그리고 1

독일 철학자 라이프니츠는 재미있는 상상을 합니다. 두 개의 숫자로 모든 데이터를 표현하는 방법을 말이죠. 바로 디지털을 구성하는 '이진법'입니다. 이진법은 오늘날 컴퓨터와 소통하는 기초적인 통신 방법입니다.

0과 1. 이 두 숫자는 명제의 거짓 혹은 진실, 스위치의 ON 혹은 OFF 상태를 의미합니다. 예를 들어 하나의 전선이 있습니다. 하나의 전선으로 전송

할 수 있는 신호는 몇 가지가 있을까요? 전기가 통할 때, 안 통할 때 두 가지입니다. 다시 말하면 전류가 흐르고 있는 전선, 흐르고 있지 않는 전선입니다. 전류가 흐르면 전구에 불이 들어오고, 전류가 끊기면 불이 들어오지 않습니다. 전기는 이렇게 ON/OFF 두 가지 신호로 작동합니다.

그렇다면 전기는 우리 생활에서 사용하는 십진법이 아니라 왜 이진법을 사용할까요. 십진법에 비유하면 전선은 열 가닥이 필요합니다. 십진법으로 숫자 3을 표현하려면 3개의 전선에 전류를 흘려 보내고 7개의 전선은 그대로 둡니다. 이는 나머지 전선 7가닥을 낭비하는 셈입니다. 하지만 이진법은 다릅니다. 전선 하나로 표현할 수 있어 최소한의 자원으로 최대한의 정보를 효율적으로 전달할 수 있습니다.

그런데 여기서 의문이 생깁니다. 키보드에서 한글을 입력하고 모니터로 전송하는데 컴퓨터가 0과 1밖에 모른다니 조금 이상합니다. 하지만 그 원리는 아주 간단합니다. 우리가 사용하는 문자를 모두 0과 1로 변환해서 컴퓨터에게 전달하면, 컴퓨터는 그 0과 1을 읽어서 우리 눈에 이해할 수 있는 형태로 보여주는 것입니다. 그럼 컴퓨터가 하는 이상한 언어, 기계어를 알아봅시다.

컴퓨터의 이상한 언어, 기계어

01000111011011110100001101101111011001000110010101110010000001010

컴퓨터가 전달받는 0과 1의 모음을 기계어라고 합니다. 컴퓨터는 프로그램으로부터 기계어로 전달받아야만 그 내용을 이해할 수 있습니다. 위의 숫자는 제가 컴퓨터에게 전달한 이진법 기계어입니다. 0과 1이 무작위로 노출되어 있는 아이들 장난처럼 보이지만 저 기계어를 해석하면 제 필명인 'GoCoder'라는 글자가 완성됩니다.

텍스트로 이진

Converts from Binary to Text

이진 입력

01000111011011110100000110110111101100100001100101011100100000011010

[변환]

출력 텍스트

GoCoder

이진법 변환기 (출처 https://www.online-toolz.com)

이진법으로 컴퓨터와 대화해야 한다면 정말 똑똑한 사람 말고는 컴퓨터를 사용할 수 없게 될 것입니다. 다행히도 인간은 더 쉽게 컴퓨터와 대화하기 위해 프로그래밍 언어를 만들었습니다. 만들어낸 언어 문법에 맞춰 작성하면 컴파일러와 인터프리터라는 통역사가 프로그래밍 언어를 기계어로 통역해줍니다. 이러한 통역사 덕분에 많은 사람들이 이진법을 직접 다루지 않고 컴퓨터를 사용할 수 있습니다.

한쪽 눈으로 대화하는 컴퓨터

눈동자

『잠수종과 나비』의 대필가 클로드처럼 컴퓨터는 '친절한 대필가'입니다. 컴퓨터는 이진법으로 받은 두 개의 신호를 규칙에 의해 필요한 데이터로 변환합니다. 장 도미니크 보비가 왼쪽 눈꺼풀의 깜박임을 두 개의 신호로 적용해 알파벳 철자로 바꾸어서 정보를 만들어 내는 것처럼 대필가 컴퓨터는 기계어를 해석하는 일을 해냅니다.

컴퓨터는 1초에 수억 번의 0과 1을 처리하는 연산이 가능합니다. 『잠수종과 나비』를 텍스트 데이터로 변환한다면 약 5MB 정도일 것입니다. 컴퓨터가 이를 처리하기 위해 필요한 깜박임 횟수는 약 4천만 번입니다. 한쪽 눈으로만 집필한다면 1년이 넘게 걸릴 작업이지만 컴퓨터는 단 몇 초 만에 처리가 가능합니다.

IT 발전은 전기가 통하는 '하나의 선'이라는 제한적인 상태에서 탄생했습니다. 하지만 현재 0과 1이라는 단 두 가지 숫자를 사용해 3D 게임, 인공지능까지 현실에 있는 모든 것을 표현하고 넘어설 수 있게 되었습니다.

IT Information Technology

IT는 '정보 기술'이라고 합니다. 하드웨어, 소프트웨어, 전기통신, 방송, 멀티미디어, 통신망 등 사회 기반을 형성하는 유형 및 무형의 기술 분야입니다. 넓은 의미로 수집, 가공, 저장, 검색, 송신, 수신 등 정보 유통의 모든 과정에 사용되는 기술 수단을 총체적으로 표현하는 개념입니다.

66 가장 기초적이지만 화려한 기술은 0과 1입니다. 99

최초의 트윗

트위터는 2022년 기준, 하루 동안 전 세계에서 1억 9,200만 명이 접속합니다. 하루에 생성되는 트윗의 양도 어마어마합니다. 하루 동안 한국에서만 등록되는 트윗의 양이 약 500만 건입니다. 그렇다면 이 엄청난 소셜 네트워크 서비스의 역사적인 첫 번째 글의 가치는 얼마나 될까요?

2006년 5월 22일 역사적인 트윗이 업로드됩니다. 실리콘 밸리의 괴짜 잭 도시가 트위터를 개발하고 올린 역사적인 첫 트윗입니다. 그저 평범한 한 줄의 메시지의 소유권을 인증해주는 대체불가토큰, NFT의 가격은 무려 1,630 이더리움, 290만 달러에 낙찰됩니다. 한화로 약 35억입니다. 그는 판매수익 전부를 코로나19 피해를 입은 아프리카 사람들을 위해 기부했습니다.

최초는 언제나 가치를 만들어 냅니다. 저는 처음 찍었던 필름 카메라의 사진을 아직도 간직하고 있습니다. 기술이 발전한 지금은 미러리스 디지털 카메라를 들고 수천 번의 셔터를 누를 수 있지만 처음 찍은 필름 사진은 잭 도시가 쓴 태초의 트윗만큼 역사가 깊을 것입니다.

—

지금 막 내 트위터 계정을 설정했다

최초의 파일은 '종이'였다?

천공 카드

파일은 운영체제와 여러 개별 프로그램에서 사용할 수 있는 의미 있는 정보를 담는 논리적인 단위입니다. 그렇다면 파일의 시작은 언제이고 최초의 파일은 무엇이었을까요? 최초의 파일은 잭 도시의 최초 트윗만큼 귀중한 대우를 받고 있을까요? 하지만 놀랍게도 최초의 파일은 디지털 데이터가 아닙니다. 바로 종이에서 시작했습니다.

종이에 입력된 데이터를 컴퓨터로 전송할 수 있는 방법 중에 OMR 카드가 있습니다. OMR이란 광학 마크 인식 _{Optical Mark Recognition, Optical Mark Reading}의 약자입니다. 원리는 아주 간단합니다. 카드에 빛을 비추면 사인펜으로 검게 칠해진 부분은 빛을 흡수하고 나머지는 반사되어 어디에 체크했는지 알 수 있습니다. 중고등학교 시절 중간, 기말고사나 대입수능시험에서 OMR

카드를 사용한 경험이 있을 겁니다.

OMR 카드의 역사를 따라가면 최초의 파일 시스템인 '천공 카드'가 나옵니다. 천공 카드는 1900년부터 본격적으로 사용해온 기억장치입니다. 과거에도 지금처럼 0과 1로 구현하여 데이터를 만드는 기억장치가 있었습니다. OMR 카드와 다른 점이 있다면 천공 카드는 구멍을 뚫어서 0과 1을 입력하는 방식입니다. 저장 용량이 매우 작고 비효율적이라는 단점이 있지만 종이를 맞대어서 구멍을 뚫으면 복사가 가능하다는 장점이 있습니다.

정보를 담는 논리적 단위, 파일

파일

당시 파일file은 천공 카드가 저장한 정보를 의미했지만 현재 이 단어의 의미는 많이 달라졌습니다. 지금은 컴퓨터에서 사용자가 이용할 수 있는 데이터의 실체를 말합니다. 넓게 보면 시스템, 응용 프로그램도 하나의 파일입니다. 즉, 파일은 컴퓨터에서 의미 있는 정보를 담는 논리적인 단위로 쓰입니다.

예를 들어, 회사가 채용 공고를 올리고 지원자들이 이력서를 접수하면 회사에서는 이를 종이로 출력합니다. 그리고 지원자 중에 '고코더'라는 이름이 포함된 출력물을 모아 스테이플러로 찍습니다. 이제 채용을 담당하는 인사 담당자들이 채용 서류를 펼쳐봅니다. 지원자 기본 정보와 이력사항이 적혀 있습니다. 다음 장에는 자기소개서가 빼곡히 담겨 있습니다. 이 과정으로 하나의 파일이 만들어졌고, 또 사용자는 그 파일을 열어보았습니다. 파일은 관련된 데이터들의 집합이라고 정의할 수 있으며, 실생활에서도 이런 파일 체계를 자연스럽게 사용하기도 합니다.

역할을 구분하는 확장자

파일을 분류하는 데 가장 중요한 개념은 '확장자'입니다. 확장자는 파일 종류와 그 역할을 표시하기 위해 사용하는 분류 체계입니다. 대부분 운영체제는 이름에서 마지막 점(.) 뒤에 나타나는 글자를 확장자로 인식합니다. 이를테면 .doc, .jpg, .pdf 같은 형식입니다. 확장자는 파일을 분류하고 구별하기 위해 붙여졌습니다. 만약 확장자가 없다면 매번 컴퓨터는 어떤 종류의 파일이고 어떻게 실행해야 하는지 판단해야 했지만, 분류 체계가 생긴 후에는 확장자를 쉽게 알아차릴 수 있게 되었습니다.

확장자 개념을 학교에 비유하면 초등학생 때는 담임 선생님이 모든 과목을 가르치지만, 중학생 때는 과목별로 담당하는 선생님이 다릅니다. 초등교육과 중등교육이 다른 이유는 과목을 세분화하여 자세히 가르쳐야 하기 때문입니다. 확장자도 이와 비슷합니다. 최초의 컴퓨터는 계산기 역할만 담당했으므로 확장자는 필요하지 않았습니다. 하지만 기술 발전으로 인해 컴퓨터가 더 많은 기능을 수행하게 되면서 여러 다양한 프로그램이 생겨나고, 그에 따른 확장자도 늘어나게 됩니다. 즉, 확장자가 필요하다는 것은 컴퓨터가 해야 하는 일이 더 많아졌다는 뜻입니다.

디지털 사회의 구성원, 파일

사회라는 거대한 구조를 보면 컴퓨터와 많이 닮았습니다. 사회에서 구성원 각자가 맡은 일과 역할이 있는 것처럼 컴퓨터에서도 파일 이름과 확장자가 있어야 맡은 기능을 수행합니다. 사회 구성원들이 각자 맡은 바 일에 최선을 다할 때 사회가 올바르게 돌아가는 것처럼 컴퓨터에서도 하나하나의 파일이 제 역할을 수행할 때 시스템, 응용 프로그램이 제대로 기능할 수 있습니다. 이런 관점에서 시스템 속 파일 중 어느 하나 중요하지 않은 파일은 없습니다. 처음 생겨난 파일부터 마지막에 생성된 파일까지 컴퓨터를 구성하고 있으니까요.

📝 알아두면 좋은 IT 용어

NFT Non-Fungible Token

'대체불가토큰' 혹은 '대체불가능토큰'이라고 합니다. 대체불가능 non-fungible 한 토큰들은 각기 고유성을 지닙니다. 좌석 위치, 공연명 등 전부 특정되어 동일품이 존재할 수 없는 공연 티켓과 비슷하다고 할 수 있습니다. NFT는 암호화된 거래내역을 블록체인에 기록을 남겨 영구적으로 고유성을 보장받습니다. 아무나 복제할 수 있는 '디지털 파일'에 대해서도 '고유 소유권'을 발행하는 데에 사용할 수 있는 기술입니다.

❝ 인생이라는 파일의 시작과 끝은 언제일까요? ❞

불태워진 종이

1866년, 한 수학자의 사망으로 현대 과학 발전이 수백 년쯤 늦춰지는 사건이 발생합니다. 죽은 수학자의 집을 청소하던 중 가정부가 쓰레기처럼 보이는 수백, 수천 장의 종이를 모두 불 속으로 던져 버립니다. 이 날 불태워진 종이의 주인은 다름 아닌 '베른하르트 리만'입니다. 베른하르트 리만은 밀레니엄 7대 난제 중에서도 최고의 난제로 여겨지는 '리만 가설'의 주인공입니다. 종이에는 그 리만 가설의 실마리가 담겼을 것으로 추측됩니다. 평생에 걸친 연구 성과는 한 번의 실수로 시커먼 재가 되었습니다. 만약에 리만이 살던 시대에 하드디스크와 같은 저장장치가 있었다면 어땠을까요? 태워진 종이의 정보가 디지털로 저장되어 있었다면, 각종 저장매체에 복사되어 있었다면, '소수(素數)'의 정체 또한 이미 정복되었을지 모를 입니다.

1956년 IBM은 '라맥RAMAC 350'라는 하드디스크를 개발합니다. 1톤 가까운 무게에 5MB라는 형편없는 저장용량이었지만 종이에 기록하던 정보를 디지털로 저장할 수 있는 역사적 사건이었습니다. 1986년에는 소형화된 하드디스크가 개발되면서 누구나 데이터를 쉽게 복사하고 백업할 수 있는 디지털 저장의 혁명이 일어나게 되었습니다. 소형화된 하드디스크는 수많은 정보를 기록하고 복사할 수 있고 무엇보다 종이처럼 쉽게 불에 타지 않아 기록된 정보를 안전하게 보관할 수 있습니다.

디지털 저장 혁명

—

불에 타지 않는 종이?

대형 서점을 손바닥 위에

서점에 쌓인 수많은 책

대형 서점에는 수십만 권의 책들이 가득합니다. 책마다 누군가의 지식 흔적과 역사가 묻어 있는 소우주 같다는 생각이 듭니다. 책을 모두 집에 보관하고 싶다는 상상을 하지만 그렇다면 집이 아니라 빌딩을 소유해야 할 것같습니다. 그런데 우리가 흔히 쓰는 하드디스크는 이 공상을 실현할 수 있게 도와줍니다. 책을 디지털 정보로 바꿔서 하드디스크에 담는다면 빌딩

없이 단칸방에서도 수백만 권의 책을 만날 수 있습니다. 그것이 바로 하드디스크가 가진 저장 능력입니다.

저장 능력을 돋보이게 하기 위해선 복사 능력이 필요해졌습니다. 구텐베르크는 아시아의 인쇄술을 가져와 문서를 대량화하는 데 성공하였습니다. 누군가 만든 책을 인쇄라는 공정을 통해 대량 생산할 수 있게 되었고, 이때부터 진정한 복사라는 개념이 시작되었습니다. 우리가 셰익스피어의 "죽느냐 사느냐 그것이 문제로다(To be or not to be, that is the question)"라는 명대사를 알 수 있는 이유도 인쇄 기술로 영국 전역에 전파되었고, 번역된 종이가 '복사'되었기 때문입니다. '햄릿' 대본이 전쟁으로 절반 정도 사라졌다 해도 절반의 책은 다시 대량으로 복사될 수 있기 때문에 앞으로 절대 없어지지 않을 지식의 유산이 되었습니다. 하드디스크가 가져온 또 다른 혁명은 바로 복사 능력입니다.

암기는 외주로 맡겨 버리자

하드디스크

정보를 디지털 형태로 저장하는 하드디스크가 생기기 전에 데이터를 다루는 방법은 지금과 사뭇 달랐습니다. 과거 문자가 발명되기 전에는 선조들의 지혜를 다음 세대로 건네주는 것이 최대의 목표였습니다. 동굴에 그림을 그리거나 구전으로 남기기도 했지만 정보 전달에는 한계가 있었습니다. 문자와 종이를 발명하고 기록할 수 있게 되면서 기억에만 의존하지 않아도 되었지만, 그럼에도 누렇게 바랜 종이로 인해 글자를 알아볼 수 없거나 어디에 썼는지 찾을 수 없는 경우처럼 여전히 정보 기록에는 문제가 많았습니다.

하드디스크는 이러한 삶을 바꿔놓았습니다. 디지털 형태로 정보를 저장하면서 기록, 보관, 검색까지 손쉽게 가능합니다. 하드디스크로 인해 한번 저장된 디지털 정보를 잘 관리하면 평생 유실될 걱정 없는 삶을 살게 되었습니다.

코끼리는 절대 잊지 않는다, 온라인 노트의 대표 주자 '에버노트와 노션'

에버노트   노션

> 코끼리는 절대 잊지 않는다(An elephant never forgets).   – 미국 속담 –

코끼리는 기억을 잊지 않는 영리한 동물이라고 합니다. 이러한 기억력과 영리함 덕분에 서양에서 코끼리는 '현명함'과 '지혜'를 상징합니다. 에버노트의 창업자 겸 최고경영자인 필 리빈^{Phil Libin} 은 에버노트를 만든 이유를 "사람들에게 에버노트를 통해 완벽한 기억력을 갖게 해주고 싶다"라고 말했습니다. 그래서 코끼리의 상징성을 살려 녹색 바탕에 검은색 코끼리를 에버노트의 마스코트로 내세웠다고 합니다.

10년이 넘는 세월 동안 저는 에버노트를 사용하였습니다. 전체 용량 36GB, 메모 노트 5,300여 개, 노트북 100여 개로 삶에 대한 전반적인 데이터가 모여 있습니다. 제가 집필한 책들의 초고, 일상을 기록한 일기장, 코딩 노하우를 기록한 코딩 일기까지 많은 데이터가 쌓여 있습니다. 나만의 빅데이터를 이용해 책을 출간하였고, 코딩 강의를 하고, 나를 돌아보는 시간도 가질 수 있게 되었습니다. 만약 온라인 노트에 메모를 기록하지 않았다면 불가능한 일이었을 것입니다.

> 기억이란 인간의 진정한 재산이다. 기억 속에서 인간은 가장 부유하면서 또 가장 빈곤하다.
> — 알렉산더 스미스 —

디지털로 기록된 데이터는 종이처럼 쉽게 불타지 않지만 하드디스크를 분실하거나 고장이 난다면 어쩌면 종이보다 더 쉽게 정보를 잃을 수 있습니다. 그래서 메모는 이제 펜과 종이가 아닌 온라인으로 이동합니다. '에버노트', '노션'과 같은 클라우드 기반의 노트 프로그램을 통해 모든 기록을 저장하고 언제 어디서든 스마트 기기를 열어서 확인할 수 있게 되었습니다. 아이디어가 떠오르면 바로 기록하고, 아무 때나 꺼내볼 수 있는 시대입니다. 앞으로는 저장 방법이 어떻게 발전해나갈지 기대가 됩니다.

하드 코딩 Hard Coding

하드 코딩은 일명 '날코딩'이라고 합니다. 설정사항이나 코드 등의 변수를 사용하지 않고 값을 직접 소스 코드에서 사용하는 방식입니다. 코드가 바뀌었을 경우 자동으로 반영되지 않기 때문에 버그가 발생할 위협이 많아 좋은 코딩 방법은 아닙니다.

66 정보는 인간을 가장 부유하게 혹은 빈곤하게 만들 수 있습니다. IT 기술이 개발되면서 기억은 가장 중요한 자산이 되어 갑니다. 우리의 기억을 IT라는 기술로 어떻게 기록하고 이용할지 생각해볼 때입니다. 99

우리가 빛의 속도로 갈 수 없다면

"우리가 빛의 속도로 갈 수조차 없다면, 같은 우주라는 개념이 대체 무슨 의미가 있나?"

소설 『우리가 빛의 속도로 갈 수 없다면』에서는 폐기 시한이 지난 우주정거장에서 100년이 넘도록 가족이 탄 우주선을 기다리는 '안나'의 이야기가 나옵니다. 소설 속 인간은 지구를 떠나, 우주를 항해하고 싶은 욕망이 가득합니다. 우주라는 공간은 인간에게 있어 정복하고 싶은 목표입니다.

1977년 8월 20일, 우주 탐사선 보이저 2호가 머나먼 우주를 탐사하기 위해 지구를 떠났습니다. 발사를 목격한 사람들은 어디에 있을까요? 중년이 되었거나, 이 세상에 존재하지 않을 것 같습니다. 태양계 밖을 벗어나, 성간 우주 '인터스텔라'를 지나고 있는 보이저호를 빛의 속도로 지금부터 따라잡는다면 얼마나 걸릴까요? 빛의 속력이 약 300,000km/s인 것을 생각해 보면 17시간 정도 소요됩니다. 1초에 지구를 7바퀴 반을 돌 수 있고, 서울과 부산을 461번 왕복할 수 있습니다. 빛의 속도는 매우 빠릅니다. 만약 우리가 빛의 속도로 갈 수 있었다면, 소설 속 백일흔 살의 노인은 더 젊은 날에 가족과 재회할 수 있었을까 상상합니다.

웹, 인터넷, 네트워크

—

웹, 인터넷, 네트워크?
같은 거 아닌가요?

인터넷으로 가면 되지

만일 지구 반대편 나라에 살고 있는 친구를 만나고 싶다면 어떻게 해야 할까요? 제가 사는 서울시 마포구 공덕동에서부터 시작해보겠습니다. 목적지는 뉴욕입니다. 뉴요커들 사이로 빛나는 쇼핑의 천국, 소호Soho에 살고 있는 친구를 만나러 출발해보겠습니다. 우선 공덕역에서 인천공항역까지 공항철도를 타고 이동합니다. 지하철만 약 1시간 30분 정도가 걸렸습니다. 이제 비행기에 탑승하고 15시간 동안 날아갑니다. 도착한 뉴욕 존 F 케네디 공항에서 다시 맨해튼까지는 버스로 이동하고 정류장에 내려서 카페까지 걸어갔습니다. 대략 18시간이 넘는 여정 끝에 친구를 만났습니다. 친구와의 만남은 즐겁지만 다시 돌아갈 일이 걱정됩니다.

비행기

이번에는 빛의 속도로 친구를 만나볼까요? 주머니 속에서 스마트폰을 꺼내 왓츠앱 WhatsAPP을 설치하고 친구의 아이디(ID)를 등록합니다. 안부를 묻는 메시지를 입력합니다. 그리고 보내기 버튼을 누릅니다. 메시지는 지구 반대편에 있는 친구에게 순식간에 날아갑니다. 1초도 걸리지 않고 친구에게 안부를 물었습니다. 얼굴을 보고 싶다면 화상 통화도 가능합니다. 이렇게 인터넷은 우정을 유지할 수 있도록 빠른 속도로 전 세계를 오갑니다. 우리는 빛의 속도로 움직일 수 없습니다. 하지만 인터넷은 빛의 속도로 이동할 수 있기 때문에 머나먼 지구의 반대편도 순식간에 갈 수 있습니다.

알아두면 좋은 IT 용어

왓츠앱 WhatsApp

왓츠앱은 페이스북을 개발한 메타 meta가 운영하는 인스턴트 메신저의 한 종류입니다. 2009년 얀 코움 Jan Koum과 브라이언 액턴 Brian Acton이 공동 창업한 왓츠앱은 2014년 2월 19일 페이스북에 약 200억 달러에 인수되었습니다.

그래서 인터넷이 뭐야?

바다

우리가 살고 있는 지구는 75%가 바다로 이루어져 있습니다. 지구라는 거대한 어항에 대륙이라는 육지가 떠 있는 모습을 상상해볼 수 있습니다. 이러한 사실은 세계사에 큰 영향을 주기도 했습니다. 대항해 시대에 유럽의 배들이 항로를 개척하고 세계일주를 할 수 있었던 것은 바다로 연결되어 있기 때문입니다. 인터넷도 전 세계 통신망을 하나로 연결하여 어디든지 갈 수 있습니다.

인터넷은 1960년대 미국 국방성에서 군사 목적으로 개발됐습니다. 알파넷ARPANET은 동서냉전 시대 핵전쟁 등 극한 상황에서도 살아남을 수 있는 네트워크를 연구했고, 기존의 회선 교환circuit switching 방식보다 견고한 패킷 교환packet switching 방식을 개발했습니다. 회선 교환 방식은 유선 전화기의 작동 원리처럼 전화를 걸면 발신자와 수신자가 회선을 독점하게 됩니다. 이 연결은 누구도 침범할 수 없습니다. 안정적인 통신은 가능하지만 상대적으로 네트워크 자원을 비효율적으로 사용할 수밖에 없습니다. 하지만 패킷 교환 방식은 작은 크기의 패킷으로 데이터를 전송하는 동안에만 네트워크 자원을 사용합니다. 메시지를 일정한 크기의 패킷으로 분해해서 전송하면, 수신자 측에서 원래 메시지로 다시 조립하기 때문에 회선 이용률이 높고 장애에 강합니다. 이러한 교환 방식을 사용한 대표적인 통신이 바로 인터넷입니다. 인터넷이라는 용어는 1973년 빈튼 서프Vinton Gray Cerf와 로버트 메트칼프Robert Bob.Metcalfe가 '모든 컴퓨터를 하나로 연결한 거대한 컴퓨터 통신망'을 일컬으면서 사용하기 시작했습니다. 전 세계를 항해했던 배처럼 인터넷으로 지구를 항해할 수 있게 된 것입니다.

인터넷은 해저에 깔린 선 덕분일까?

인터넷이 흐르는 지하 광케이블 (**출처** www.submarinecablemap.com)

실제로 인터넷은 어떻게 연결되어 있을까요? 다들 초등학생 때 종이컵, 성 냥개비, 실을 사용해 종이컵 전화기를 만들어 본 경험이 있을 겁니다. 종이 컵에 말하면 소리가 진동으로 바뀌어 실에 전달되고 다시 실 끝에서 소리 로 변환되어서 통화를 할 수 있는 원리입니다. 실이라는 '네트워크'가 연결 되어 있어서 목소리라는 '정보'를 전달받을 수 있는 것입니다.

그럼 인터넷은 어떻게 지구 반대편까지 빛의 속도로 도달하는 걸까요? 아 마 하늘에 떠 있는 인공위성을 떠올리는 분들도 많을 것입니다. 하지만 인 공위성이 처리하는 인터넷 트래픽은 고작 1%에 지나지 않습니다. 그마저 도 선박이나 극지방에서의 활동같이 특수한 목적을 위한 것입니다. 전 세 계를 연결하는 인터넷의 비밀은 바로 해저에 있습니다.

바닷속에는 수많은 광섬유 케이블이 서로 연결되어 있습니다. 조금 더 쉽 게 이해하기 위해 앞에서 언급한 '종이컵 전화기'를 떠올려봅시다. 만약 이 종이컵 전화기 실이 전 세계와 연결되어 있다면 얼마나 편리할까요? 해저 에 있는 케이블이 종이컵 전화기의 역할을 하는 겁니다. 전 세계 누구와도 대화할 수 있고, 데이터를 주고받을 수 있도록 말이죠.

웹이 뭐야?

http://

인터넷에 접속하면 주소창에 기본적으로 http://이 입력되어 있습니다. http://는 인터넷이 HTTP라는 프로토콜을 사용해 접속했다는 의미입니다. 검색을 통해 정보를 찾는 구글도, 쇼핑하기 위해 접속한 아마존도 웹이라고 합니다. 웹은 HTML이라는 기본 문서 형태의 문서를 주고받기 위해 태어났습니다. 그래서 브라우저를 통해 접속하는 모든 사이트는 바로 HTTP 프로토콜로 연결됩니다. 인터넷과 웹이라는 단어는 일상에 녹아들었고, 많은 사람들이 두 단어를 혼용하고 있습니다. 하지만 인터넷Internet과 웹Web은 다른 의미입니다. 정확히 말하면 인터넷이란 거대한 개념에 속한 한 종류가 '웹'입니다.

인터넷에 접속하면 보이는 'WWW'는 'World Wide Web'의 줄임말입니다. 웹에서는 정보들이 그물망처럼 서로 얽혀 있습니다. 웹에는 수많은 웹사이트가 존재하고, 웹사이트는 웹 페이지로 이루어집니다. 구글, 아마존, 페이스북과 같은 웹사이트는 글, 그림, 동영상 등 수많은 정보가 담긴 웹 페이지들의 집합입니다.

네트워크가 뭐야?

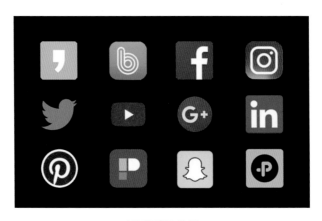

소셜 네트워크 서비스

페이스북, 인스타그램처럼 자신의 의견과 정보를 자유롭게 공유하는 것을 소셜 네트워크 서비스라고 말합니다. 이를 '사회관계망 서비스'라고도 말합니다. 소셜 네트워크 서비스의 원조는 비둘기였습니다. 새의 다리에 쪽지를 매달아 날리면서 마을 간 정보를 교환했는데 이렇게 연결된 데이터를 주고받는 집단을 네트워크라고 표현할 수 있습니다. 네트워크는 그물net을 짠다work라는 뜻의 합성어입니다. 사전적 의미로는 '컴퓨터들이 통신망을 통해 서로 그물처럼 연결된 체계. 통신망 또는 줄여서 망(網)'이라고 정의합니다. 하드웨어끼리 마치 그물망처럼 연결되어 데이터를 주고받는 집단이라고 볼 수 있습니다.

이젠 빛의 속도도 부족해

구글 스타디아 (출처 https://stadia.google.com)

인터넷은 빛의 속도로 데이터를 주고받지만 점차 한계에 다다르고 있습니다. 구글은 2019년 스타디아Stadia라는 클라우드 방식을 이용한 게임 시스템을 출시했습니다. PS4, XBOX 같은 게임기 없이 인터넷에 접속한 구글 서버를 통해 게임을 즐길 수 있습니다. 하지만 게임을 조작하는 명령어가 구글 서버에 접속했다가 사용자에게 돌아오는 시간이 빠르지 않다는 단점이 있었습니다. 이런 입력 지연 현상을 인풋랙Input Lag이라고 합니다. 서울과 미국의 지연 차는 0.06초입니다. 게임에서는 0.01초도 엄청난 차이입니다. 어쩌면 아직은 인간의 욕심만큼 인터넷은 빠르지 않은 듯합니다. 얼마나 더 인간의 욕망을 채워줄 수 있을지, 얼마나 빠르게 인터넷에 속도가 발전할지 기대해봅시다.

✍ 알아두면 좋은 IT 용어

HTTPS Hypertext Transfer Protocol over Secure Sockets Layer

하이퍼 텍스트 전송 프로토콜 보안을 사용하는 HTTP 프로토콜의 보안 버전입니다. HTTPS는 HTTP와 거의 동일하지만, 데이터를 주고받는 과정에 '보안' 요소가 추가되었습니다. HTTPS를 사용하면 서버와 클라이언트 사이의 모든 통신 내용이 암호화됩니다.

❝ 빛의 속도로 달려가기 원했던 IT 기술은 당신을 위해서
더 빠르게 달려가길 원합니다. ❞

🔒 hTTP://

인공위성에서 시작한 인터넷

1957년 10월 4일, 인류는 최초로 궤도 타원형의 금속 물체를 우주를 향해 쏘아 올립니다. 고작 지름이 58cm인 공 모양의 고철 덩어리는 모스크바 시간 기준 10시 28분에 발사되어 5분 만에 지구 궤도에 자리를 잡게 됩니다. 이어서 우주에서 보내는 첫 신호를 수신하면서 인류 역사 최초의 우주 시대를 열게 됩니다. 단지 우주로 나간 것뿐만 아니라 29,000km/h 속력으로 지구를 96.2분마다 돌면서 비행했습니다. 지구에서는 22일 동안 무선 통신기를 통해 인공위성이 주는 신호를 감지하였습니다. 인공위성은 3개월 동안 비행한 뒤, 1958년 1월 4일에 대기권에 재진입하다가 불타버리면서 인공위성의 형체는 사라졌지만 역사의 한 획을 그었다는 사실은 사라지지 않았습니다.

인터넷의 탄생

—

인터넷은 어떻게 탄생한 거지?

인터넷의 시초

1957년 당시 미국과 소련의 관계는 준전시 상태이자 과학기술 분야에서 라이벌 관계였습니다. 로켓 공학 분야의 아버지인 베르너 폰 브라운은 "우주 정복은 인간의 가장 위대한 모험"이라고 말하였습니다. 그만큼 우주 정복은 인류의 가장 큰 열망이었습니다. 미국은 우주를 먼저 개척한 소련에 맞서 미국항공우주국NASA을 출범하고, 과학기술을 더 진보시키기 위해 특별한 조치를 연이어 발표합니다. 그 와중에 개발된 것이 바로 '인터넷'입니다.

우주선이 개발되었다는 것은 언제든지 대륙간탄도미사일ICBM로 공격할 수 있다는 의미입니다. 위기감이 생긴 미국은 고등연구계획국DARPA을 설립하고 이곳에서 인류의 생활을 바꿔버린 대망의 발명품, 인터넷의 원형인 알파넷ARPANET을 개발합니다. 이는 최초의 패킷 교환 네트워크이며 우리가 사용하는 인터넷 발명의 시초입니다.

인터넷은 대화?

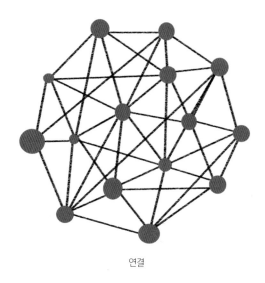

연결

인터넷이란 쉽게 설명하면 '대화'입니다. 대화란 둘 이상의 사람이 모여서 이야기를 주고받는 것입니다. 사전적인 의미를 찾아보면 '마주 대하여 이야기를 주고받음 또는 그 이야기'라고 정의되어 있습니다. 인간은 대화하면서 유대관계를 쌓으며 무리를 이룹니다. 대화는 관계를 모아 하나가 되도록 하는 중요한 역할을 합니다. 아리스토텔레스는 인간을 '사회적 동물'이라고 했습니다. 사회적 관계를 맺게 하는 주요 도구가 바로 대화입니다.

인터넷은 컴퓨터가 네트워크로 연결된 상태입니다. 즉 두 대 이상의 컴퓨터가 연결되어 정보를 주고받는 상태를 말합니다. 접속된 통신망은 지구 반대편 어디에라도 순식간에 날아가 정보를 주고받습니다. 얼굴 한 번 보지 못한 사람과 신호를 이용해 대화를 합니다. 커뮤니티를 형성해 대화하기도 하고, 컴퓨터 게임을 통해 경쟁적인 대화를 하기도 합니다. 이처럼 인터넷은 사람과 사람을 연결해 대화할 수 있도록 합니다.

좋은 대화가 뭘까?

요즘 인터넷상에서 이루어지는 대화는 부정적인 면이 많습니다. 익명성에 기대 온라인에서는 서로를 헐뜯고 비난하는 데 서슴지 않습니다. 타인이 만들어 놓은 지적 재산을 불법으로 공유하고 다운로드하며 해킹으로 타인의 정보를 빼앗아 협박하기도 합니다. 상대 국가의 공격을 방어하기 위해 만든 인터넷의 역사가 지금 우리가 사용하는 온라인에서까지 이어지는 건 아닌지 생각하게 됩니다. 그렇다면 좋은 대화는 무엇일까요? 제가 생각하는 좋은 대화의 요건은 세 가지입니다. 우선 자신의 존재를 알릴 수 있어야 합니다. 수다를 떨면서 서로를 알아가고 친분이 쌓이면 친구가 되기도 합니다. 그래서 지친 하루에도 친구와 커피 한 잔으로 나누는 대화는 언제나 달콤합니다. 다른 하나는 좋은 정보를 공유하는 이타적인 목적이 있어야 합니다. 궁금한 것을 질문하고 답을 얻는 것은 지성인만이 느낄 수 있는 축복입니다. 마지막으로는 따뜻한 격려와 잘못된 부분을 바로잡아 주는 애정입니다. 그래서 좋은 대화는 사랑을 만듭니다.

📝 알아두면 좋은 IT 용어

풀스택 개발자 Full-Stack Developer

프런트엔드는 사용자 눈에 보이는 화면을 다룹니다. 백엔드는 사용자들이 원하는 정보를 제공할 수 있도록 데이터를 다룹니다. 풀스택은 프런트엔드와 백엔드 기술 모두를 다룰 수 있는 개발자를 일컬어 말합니다. 여러 기술에 정통하고, 소프트웨어 개발의 모든 계층에 익숙한 사람이라고 할 수 있습니다.

❝오늘부터 좋은 대화를 나눌 수 있는
온라인의 가치에 참여하는 건 어떨까요?❞

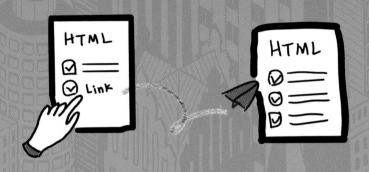

인터넷으로 간 종이

종이책 한 권이 있습니다. 인류가 만든 이 책은 누군가 오랫동안 정립해 온 지식을 단숨에 만날 수 있는 위대한 발명품입니다. 하지만 단점이 하나 있습니다. 그것은 바로 검색이 불가능하다는 것입니다. 그래서 사람들은 고심 끝에 더 빠르게 책 안의 내용을 찾을 수 있도록 '목차'를 만들었습니다. 목차는 많은 것을 변화시켰습니다. 책에서 다루는 내용의 주제와 페이지 번호를 정리했습니다. 이렇게 하면 원하는 내용을 페이지 번호를 따라 쉽게 찾을 수 있게 됩니다. 언제라도 책을 펼쳐 필요한 정보를 빠르게 찾아서 얻을 수 있는 편리한 방법입니다.

온라인상의 웹 페이지는 책에서 말하는 페이지와 같은 의미를 나타냅니다. 그래서 영어로도 책의 한 장을 가리키는 말과 웹의 화면을 가리키는 말 모두 페이지page라고 말합니다. 인터넷에서는 더 이상 정보가 종이에 머무르지 않게 되었습니다. 디지털로 변환된 문서는 HTML 기술을 통해 온라인에서도 읽고 살펴볼 수 있게 되었습니다.

하이퍼텍스트

—

생각과 문서를 인터넷으로 연결하다

마우스의 탄생

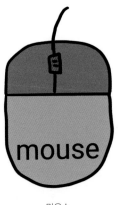

마우스

1968년 12월 9일 스탠퍼드 연구소에서 더글러스 엥겔바트와 그의 동료들은 이상한 장치의 도구를 개발합니다. 마우스라는 이름의 이 낯선 물건은 흡사 쥐와 닮은 모양새였습니다. 마우스는 화면에서의 위치를 지시할 수 있는 그래픽 유저 인터페이스를 위한 발명품이었습니다. 2차원이라는 평면에서의 움직임을 컴퓨터로 전송하는 장치로, 키보드 이외에 입력장치를 개발한 것입니다.

마우스가 개발된 후에는 문서에서 문서로 단숨에 이동할 수 있게 되었습니다. 이 발전은 기존 지식 체계를 바꿔 놓았습니다. HTML에 기록된 텍스트 정보를 읽다가 연결된 지식이 있다면 마우스로 클릭합니다. 그렇게 되면 장소와 속도의 제약 없이 날아가 새로운 지식 문서로 이동하게 되는 것입니다.

만약 'HTML'이라는 키워드로 정보를 검색하고 온라인 검색 결과를 읽다가 참고할 자료를 추가하려고 합니다. 종이 책이라면 참고 도서의 제목과 저자 이름을 주석으로 남겨 두겠지만, 하이퍼텍스트는 링크Link를 달아 놓습니다. 그럼 사용자는 마우스 클릭 한 번으로 낯선 페이지로 연결되어 정보를 바로 얻을 수 있습니다. 말 그대로 모든 지식의 공간을 뛰어넘는 방식입니다.

하이퍼텍스트HyperText는 '초월 문서'라고 직역할 수 있습니다. 초월 문서는 문서의 범주를 뛰어넘는다는 의미입니다. 텍스트를 통해서 문서는 비선형적non-linear으로 연결됩니다. 하이퍼링크를 타고 이리저리 이동하며 인터넷에서 글을 읽고, 사진을 보다가, 영상도 시청하면서 이리저리 넘나드는 것이 바로 비선형적인 연결의 특성입니다. 우리가 이용하는 모든 인터넷 사이트는 하이퍼텍스트 기반으로 제작되었습니다. 하이퍼텍스트 개념이 없었다면 홈페이지는 단순하고 정적이었을 것입니다. 하이퍼텍스트 덕분에 우리는 생각을 창의적으로 확장할 수 있습니다. 검색 사이트에서 시작한 단순한 생각의 뿌리 하나가 무한대로 확장하여 뻗어 나가는 것처럼 말이죠.

산

🎵원숭이 엉덩이는 빨개 빨가면 사과 사과는 맛있어 맛있으면 바나나 바나나는 길어 길면 기차 기차는 빨라 빠르면 비행기 비행기는 높아 높으면 백두산🎵

어린 시절 이 노래를 부른 경험이 있을 겁니다. 의미 있는 연결 가사 는 아니지만 하이퍼텍스트라는 무한한 연결을 기억하기 좋은 가사입니 다. 인터넷의 무한한 확장성은 흔히 우주와 비교되기도 합니다. 별은 지 구의 모든 해변과 사막에 있는 모래 알갱이 수보다 10배나 많다고 합니 다. 별 개수를 숫자로 풀어보면 7×10^{22}개라고 합니다. 0을 22개나 붙이 는 이 숫자는 7조 곱하기 1백억 개에 해당한다고 합니다. 숫자로 적어보면 70,000,000,000,000,000,000,000개입니다. 이런 복잡한 숫자가 싫어서 별의 개수를 '무한대'라고 표현합니다.

디지털 데이터양은 2021년 기준 약 40제타바이트zetabyte라고 합니다. 숫자 로 환산하면 40,000,000,000,000,000,000,000KB에 해당하는 양입니다. 정말로 별만큼 많은 양입니다. 인터넷이 우주보다 넓고 무한한 이유는 바로 하이퍼텍스트로 연결되어 있기 때문입니다. 하이퍼텍스트는 HTML의 기초 태그 중 하나이지만 이 기능 하나가 만든 인류 지식의 연결과 확장은 혁명과도 같습니다.

📝 알아두면 좋은 IT 용어

보이스카우트 규칙 The Boy Scout rule

"언제나 처음 왔을 때보다 깨끗하게 해놓고 캠핑장을 떠날 것"

이 규칙은 스카우팅의 아버지인 '로버트 베이든파월 Robert Stephenson Smyth Baden-Powell이 남긴 명언입니다. 보이스카우트 규칙은 코드에서도 적용할 수 있습니다. 소스 코드를 열었을 때, 깨끗하게 정리하고 떠난다면 시간이 지나도 언제나 깨끗하게 유지되는 원리입니다. 만약 개발자들이 이 규칙에 충실하다면 소프트웨어는 시간이 지날수록 조금씩 발전할 수 있을 것입니다.

6️⃣6️⃣HTML의 가치는 무한함이 아닐까 생각합니다. 9️⃣9️⃣

검색 한 번에 사용되는 전기의 양

3분 동안 LED 전구로 불을 켜고 기다려보겠습니다. 가만히 기다리는 건 지루하니, 3분 동안 할 수 있는 일을 찾아봅니다. 3분 동안에는 책을 2장 정도 읽을 수 있고, 신문 한 면을 볼 수도 있고, 컵라면이나 인스턴트 카레를 완성할 수도 있습니다.

이번에는 구글에서 검색어를 입력하고 엔터를 쳐봅니다. 0.1초 만에 전 세계 데이터를 분석해 필요한 정보를 일목요연하게 정리합니다. 구글에서 검색어를 입력했을 때 사용된 전기의 양은 LED 전구가 3분 동안 소비한 전기량과 거의 동일한 에너지를 사용합니다. 중요한 건 정보 검색으로 소비한 전기는 컴퓨터가 소비한 것이 아닙니다. 모든 전기 사용량을 제외하고 구글 서버가 연결된 해저 광랜이 대륙과 바다를 건너 인터넷에 연결한 순수한 에너지양입니다.

물론 개인이 사용하는 양의 에너지는 매우 적지만, 사용 횟수를 생각해봐야 합니다. 전 세계 인류는 1초 동안 구글에서 약 70만 번의 검색을 사용합니다. 이는 전구 하나를 약 4년 동안 켤 수 있는 전기량입니다. 20초 동안 구글 검색어가 사용한 전류의 양을 계산하면 한 사람이 평생 사용할 수 있는 전구의 에너지양입니다. 그렇게 인류 절반이 인터넷을 사용한다면 1초 동안 엄청난 양의 전기가 인터넷을 통해 소비되고 있는 것입니다.

—

검색으로 사용되는 전기의 양

인터넷이 사용하는 전기량은 2%

인터넷 사용 전기량

정보 검색은 인터넷을 사용하는 방식 중 하나입니다. 검색뿐 아니라 클라우드를 사용한 파일 다운로드, 넷플릭스 영화 감상, PC 게임 등 사람들은 1년 내내 인터넷으로 다양한 서비스를 이용합니다. 서비스에 사용하는 이 모든 것은 대양을 횡단하는 광케이블의 데이터 에너지입니다. 이를 계산해보면 인류가 사용하는 전기의 2%가 인터넷에 소비된다는 걸 알 수 있습니다.

이제는 인터넷 없는 삶을 상상하기 어렵습니다. 우리 삶을 풍족하게 하고 전 세계를 연결해주는 인터넷에서의 삶은 사실 환경 자원을 소비한 대가입니다. 인터넷을 위해 소비된 자원들은 이산화탄소를 배출합니다. 배출된

탄소는 지구를 뜨겁게 만들고, 인터넷이 흐르는 바닷속 광케이블까지 위협합니다. 유용하게 사용하는 검색 결과는 지구의 자원을 소비하는 값을 치르고 얻은 보상입니다.

IT와 환경 보호

환경 보호

인터넷 검색만으로 이산화탄소가 배출된다는 사실은 피부로 느끼기 어렵습니다. IT 산업은 마치 굴뚝 없는 산업처럼 깨끗한 이미지로 여겨지곤 합니다. 친환경적이고 쓰레기가 없는 것처럼 느껴지지만 사실 인터넷에 필요한 각종 인프라는 모두 막대한 전기를 필요로 합니다. 그 전기를 생산하는 과정은 모두 이산화탄소를 배출하고 기후 변화와 지구온난화에 영향을 미칩니다.

IT 기업들은 데이터센터에서 데이터를 보관합니다. 서버에서 나오는 열을 식히는 냉각 시스템 역시 많은 에너지를 소비합니다. 이때 발생하는 이산화탄소의 양은 전 세계를 누비는 여객기에서 배출되는 이산화탄소 양과 맞먹는 환경오염을 유발합니다. 인터넷 사용을 위한 전원과 충전 에너지도 많은 전기가 필요합니다. 국제 에너지 기구IEA가 발표한 2019년 전 세계 데이터센터 전력 사용량은 총 250TWh라고 합니다. 컴퓨터 1대를 만드는 데 들어가는 천연자원은 약 1톤이며, 스마트폰 1대에는 천연자원 약 44kg이 필요합니다. IT 기기를 폐기하는 비용도 만만치 않습니다. 2015년 유엔대학 발표에 따르면 전자 폐기물의 7%가 컴퓨터, 스마트폰에서 나왔습니다. 이미 상당한 양의 쓰레기는 우리가 사용하는 최첨단 스마트 기기에서 발생하고 있습니다. 세계적인 IT 기업들도 문제점을 인지하고 환경 보호를 위해 노력하고 있습니다.

그린피스Greenpeace는 주기적으로 친환경 전자제품을 생산하는 기업을 평가하여 발표합니다. 이 중 최고점을 받은 삼성전자의 친환경 노력에 대해 알아보겠습니다. IT에 꼭 필요한 부품을 뽑으라고 하면 반도체일 것입니다. 삼성전자는 반도체 생산을 '저전력', '친환경'으로 개발하고 있습니다. 저전력 반도체는 같은 용량과 속도에도 더 적은 전력으로 동작할 수 있도록 만든 반도체입니다. 친환경 반도체는 반도체를 구성하는 원재료인 웨이퍼, 패키지 공정에 필요한 PCB, EMC, 포장재에 이르기까지 각종 원부자재 모두 환경규제를 통과해야 하며 유해물질을 함유하고 있지 않아야 합니다. 삼성전자는 반도체 생산에서 발생하는 유해물질을 제거하여 친환경 제품을 만들고 있습니다. 구글과 페이스북도 추운 곳에 데이터센터를 지어 냉각에 필요한 전력 소모량을 줄이는 등 탄소 배출을 줄이기 위해 노력하고 있습니다. IT가 발전하는 만큼 기업에서도 환경 보호를 위해 적극적으로 나서야 할 때입니다.

인터넷 사용량과 비례하는 환경 보호 실천

새싹

이메일 전송 한 번에 1g, 인터넷 검색 한 번에 0.2g에 이르는 이산화탄소가 배출됩니다. 스트리밍 서비스로 1시간 동안 시청한 영화는 자동차로 1km 를 주행하는 것과 맞먹습니다. 환경 보호를 위해서 인터넷 사용을 줄이는 것도 방법일 수 있습니다. 그러나 우리는 인터넷을 중단할 수 없는 세상에 살고 있습니다. 다만 인터넷 사용이 환경오염을 유발할 수 있다는 사실을 깨닫고 다른 곳에서부터 조금씩 탄소를 줄여나가면 어떨지 제안해봅니다.

 디지털 탄소 배출량

- 유튜브 시청 10분 = 1g

- 인터넷 검색 = 0.2g

- 이메일 한 통 = 4g

- 전화 통화 1분 = 3.6g

- 데이터 1MB 사용 = 11g

출처 환경교육포털 <스마트폰이 지구온난화의 주범?!>

리팩터링 refactoring

이미 작성된 코드의 가독성과 유지보수성을 높이기 위해 내부 구조를 변경하는 방법입니다. 기능은 바뀌지 않고 내부를 개선하는 방식입니다. 일기장 속 글씨는 나만 알아봐도 무방하지만 공개적인 글을 쓴다면 모두가 알아볼 수 있게 쓰는 것이 중요합니다. 쉽게 말해 리팩터링은 누구나 보기 좋고 이해할 수 있도록 코드를 재작성하는 것을 말합니다.

❝오늘 우리가 하루 동안 사용한 인터넷만큼
환경 보호를 실천해보는 건 어떨까요?❞

스파이더맨의 거미줄

영화 <스파이더맨> 주인공 피터 파커는 건물과 건물 사이를 자유자재로 활보하고 다닙니다. 활보하는 비법은 바로 손목에서 나오는 거미줄입니다. 이동하려는 건물 가까이에 거미줄을 쏴서 지렛대 원리로 다른 건물로 이동합니다. 스파이더맨은 거미줄을 쏠 수 있는 건물만 있다면 어디든지 다닐 수 있습니다. 여기서 중요한 건 이동을 위해서는 꼭 거미줄을 쏠 수 있는 지지대가 있어야 합니다. 만약 아무것도 없다면 스파이더맨은 걸어 다닐 수밖에 없을 겁니다. 구글은 스파이더맨이 거미줄로 이동하는 것처럼 그 원리를 이용해 웹사이트를 돌아다닙니다. 바로 구글의 검색엔진 스파이더Spider가 웹사이트를 탐색하는 방식입니다.

—

지렁이 키우기 게임

지렁이 키우기 게임

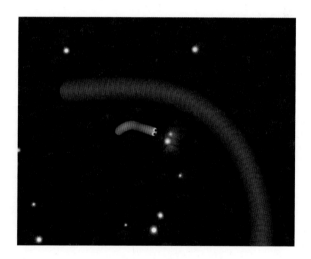

지렁이 키우기 게임 (**출처** slither.io)

지렁이 키우기 게임을 해보겠습니다. 게임의 이름인 slither는 뱀이 기어가는 모습을 묘사하는 단어입니다. 지렁이 게임의 규칙은 아주 간단합니다. 커다란 맵을 자유롭게 미끄러지듯 돌아다니면서 아이템을 먹고 지렁이를 점점 크게 키워내는 것입니다. 접속한 사용자 중 가장 많은 먹이를 먹여 가장 큰 지렁이를 만든 사람이 승리하는 단순한 게임입니다.

게임에 접속하면 지렁이 한 마리를 분양받습니다. 그리고 다른 지렁이들을 피해서 먹이를 먹습니다. 형형색색 아이템들은 지렁이가 커질 수 있게 만들어줍니다. 끊임없이 몸을 키우다 보면 아주 거대한 지렁이를 볼 수 있습니다. 화면에 꽉 차서 한 번에 볼 수 없을 정도로 커져버린 지렁이도 존재합니다. 욕심 많은 지렁이는 너무 거대해져서 결국 게임판을 지배하게 됩니다. 단순한 지렁이 게임은 인터넷 생활 속에 녹아든 검색 사이트의 검색 엔진이 사용하는 방식과 매우 닮았습니다. 검색엔진이 탐욕스럽게 데이터를 모으는 방법과 말이죠.

웹 크롤러, 스크레이핑, 파싱

> 웹 크롤러는 사용자가 검색하기 전에 수천억 개에 달하는 웹 페이지에서 정보를 모아 이를 검색해 데이터를 정리합니다.

웹 크롤러는 인터넷에서 콘텐츠를 다운로드하고 인덱스를 생성합니다. 목표는 웹상의 모든 웹 페이지입니다. '웹 크롤러'라고 지칭하는 이유는 소프트웨어 프로그램을 통해 자동으로 웹사이트에 액세스하여 데이터를 얻는 일을 기술 용어로 크롤링crawling이라고 합니다. 크롤링의 또 다른 이름은 '스파이더' 또는 '검색 엔진 봇'이라고도 합니다.

크롤링과 스크레이핑이란 단어를 많이 혼용하지만 사실 의미가 전혀 다릅니다. 크롤링은 데이터를 수집하고 분류하는 것을 의미하며, 웹 페이지를 돌아다닌다는 뜻이 더 강합니다. 데이터가 어디에 저장되어 있는지 위치에 대한 분류 작업이 크롤링의 주요 목적이라 할 수 있습니다. 스크레이핑scraping은 인터넷에서 존재하는 데이터를 컴퓨터 프로그램을 통하여 자동화된 방법으로 웹에서 데이터를 수집하는 모든 작업을 말합니다. 파싱^{parsing}은 일정한 패턴으로 정보를 추출해 무언가를 만들어내는 것이며 데이터를 원하는 형태로 가공하는 작업이 주요 목적입니다.

스파이더 프로그램

구글의 스파이더 프로그램은 부지런히 웹 페이지를 파헤칩니다. 파헤치는 과정을 앞서 배운 크롤링이라고 합니다. 크롤링은 컴퓨터 소프트웨어 기술로 웹사이트에서 원하는 정보를 추출하는 데에 필요한 기술입니다.

인터넷은 지금 이 순간에도 끊임없이 발전하고 있습니다. 하루에도 수많은 웹 페이지가 탄생하고 사라집니다. 스파이더의 시작은 사용자가 많은 사이트부터 접속합니다. 페이지에서 링크가 발견되면 사용자가 링크를 누르고 새로운 페이지에 접속하듯 또 새로운 웹 페이지를 크롤링합니다. 이런 과정을 '먹어 치운다'고 표현하기도 합니다. 스파이더맨이 건물에 거미줄을 쏴서 옮겨 다니듯이 링크라는 거미줄을 쏴서 새로운 사이트로 이동합니다. 그렇게 수십억 페이지의 사이트를 정신없이 돌아다니면서 웹 페이지의 정보를 저장합니다. 크롤링이란 HTML로 되어 있는 웹 페이지 안에 있는 데이터를 추출해서 가공하는 역할을 합니다. 이처럼 스파이더는 욕심 많은 스크루지 영감처럼 구글 페이지 내에 정보를 최대한 많이 자신들의 서버에 저장합니다. 그렇게 웹을 휘젓고 다니면서 '지렁이 키우기 게임'을 합니다.

1분 동안 쏟아지는 정보의 양

(출처 https://dailyinfographic.com/how-much-data-is-generated-every-minute)

구글이라는 지렁이가 먹을 수 있는 정보의 양은 얼마나 많을까요? 데일리 인포그래픽 사이트는 1분 동안 생성되는 데이터의 양을 대략적으로 알 수 있는 지표로 공개하였습니다. 트위터에서는 분당 평균 575,000개의 사진과 동영상, 링크 및 텍스트로 구성된 트윗이 생성됩니다. 구글 검색 횟수는 분당 평균 570만 건이고, 아마존은 분당 283,000달러의 매출을 창출합니다. 유튜브는 1분에 694,000시간, 넷플릭스는 452,000시간 동안 시청됩니다. 인스타그램은 분당 65,000장의 사진이 공유됩니다.

단 1분이라는 시간 동안 생성된 데이터양은 한 사람이 인생을 다 바쳐도 전부 확인할 수 없을 만큼 방대합니다. 말 그대로 인생은 짧고 데이터는 깁니다. 쏟아지는 데이터 속에 뛰어들어서 원하는 정보를 찾는 것은, 거대한 쓰레기장을 뒤져서 부품을 찾아 고성능 노트북을 만드는 것보다 어려운 일입니다. 사실상 불가능에 가깝습니다. 하지만 방대한 정보를 먹잇감으로 생각하는 구글이 있기 때문에 사용자는 필요한 정보를 쉽게 얻을 수 있습니다.

지금까지 구글이란 지렁이가 먹은 데이터 양은 정말 많습니다. 구글 공식 홈페이지에서 밝힌 데이터의 크기는 1억 기가바이트가 넘고, 수십억 개의 웹 페이지를 수집하였다고 합니다. 이런 데이터를 저장하는 구글의 서버 수는 약 250만 개라고 합니다. 이는 대구광역시 인구수보다 더 많습니다. 구글은 데이터 먹는 것에 그치지 않습니다. 지렁이가 길게 뻗어나가기 위해 몸을 움직여야 하는 것처럼 구글은 이 방대한 데이터를 끊임없이 정리, 정돈을 합니다. 이러한 과정을 '색인indexing'이라고 합니다. 사용자가 찾기 쉽게 데이터를 정돈한 덕분에 사용자는 검색 후 1초도 되지 않은 순간에 수천억 개의 페이지에서 원하는 정보를 찾아 볼 수 있습니다. 구글이라는 거대한 지렁이가 먹은 정보를 말이죠.

이 순간에도 구글의 지렁이 키우기 게임은 계속된다

구글 검색 서비스

Google provides access to the world's information in one click.
"구글은 클릭 한 번으로 전 세계의 정보를 제공합니다."

지금 이 순간에도 구글 지렁이는 웹사이트를 돌아다니면서 데이터를 먹어 치우고 먹은 데이터를 소화하여 서버라는 공간에 부지런히 정리, 정돈하고 있습니다. 실제 지렁이 키우기 게임에서 구글이라는 거대한 지렁이가 지나가는 걸 보려면 몇 년이 걸릴까요? 1년? 10년? 100년? 정답은 평생이 걸려도 다 보지 못한다는 것입니다. 지금 이 순간에도 구글은 거대해지고 있으니까요.

66 구글은 지금도 영원히 끝나지 않을
지렁이 키우기 게임을 하고 있습니다. 99

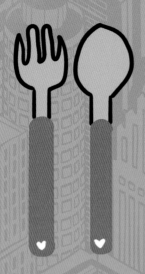

맛집을 찾아내는 다섯 가지 방법

맛집이란 단순하게 표현하면 맛있는 음식을 제공하는 곳입니다. 사람들은 저마다 맛집을 찾기 위해 노력합니다. 맛집 성공률이 높은 사람들에게 맛집 선별 노하우를 배워보겠습니다.

> 1. SNS에서 태그가 많이 된 곳을 찾는다.
> 2. 파워 블로거의 리뷰를 찾아본다.
> 3. 다녀온 친구들에게 평가를 들어본다.
> 4. 항상 손님이 많은 곳을 찾아간다.
> 5. 지도 앱에서 별점 4점 이상을 찾는다.

인기 음식점들의 공통점은 음식점 정보와 후기가 온라인에 많이 공유되어 있다는 것입니다. 생각해보면 맛집을 찾으면 인스타그램에 사진을 올리고, 지도 앱을 켜서 즐겨찾기를 하고, 친구들에게 소문을 냅니다. 이렇게 모인 정보는 입소문을 타서 긴 줄을 서야 하는 일명 맛집이 됩니다. 이렇게 맛집을 찾는 다섯 가지 방법은 구글이 단번에 정확한 정보를 찾는 '페이지랭크'라는 방법과 유사합니다.

페이지랭크

—

정보 맛집을 찾는 방법

정보 맛집, 페이지랭크

구글 검색 사이트

구글 서버에는 약 30조 개가 넘는 웹 페이지가 저장되어 있습니다. 사용자가 검색어를 입력하고 엔터를 누르는 순간 구글은 가장 알맞고 정확한 결과물을 첫 페이지에 노출합니다. 사용자는 첫 페이지에서 원하는 정보를 얻을 확률이 92%나 됩니다. 이때 구글이 추천하는 정보를 가져오는 시간은 0.5초밖에 걸리지 않습니다.

페이지랭크PageRank는 구글의 설립자 래리 페이지Larry Page와 세르게이 브린Sergey Brin이 1998년에 박사 논문을 집필하면서 시작되었습니다. 당시 두 사람은 웹 페이지 중요도를 측정하려면 다른 중요한 웹 페이지에서 그 웹 페이지로 들어오는 링크를 봐야 한다고 생각했습니다. 이는 맛집을 찾는 방식과 유사합니다. 맛집일수록 여러 사람들이 SNS와 블로그에 링크를 공유하는 원리처럼 말이죠. 그렇다고 링크만 많이 공유되었다고 페이지랭크 점수가 높아지지는 않습니다. 방문자 수가 없는 블로그에 수백 개의 링크를 올려도 구글은 속지 않습니다. 구글은 인기 있는 페이지와 사이트의 링크를 우선시합니다. 양보다 질입니다. CNN 메인에 특정 링크가 걸린다면 아마도 해당 페이지의 페이지랭크 점수는 대폭 상승할 것입니다.

맛집 조작단

조작 세력들

블로그에 게시된 맛집을 방문했지만 실망했던 기억이 한 번쯤 있을 것입니다. 그런 경우 파워블로거와 음식점 사장님의 은밀한 뒷거래가 일어난 일명 '맛집 조작'일 확률이 높습니다. SNS도 마찬가지입니다. 인스타그램에 좋은 평을 써주면 음료 서비스를 대가로 많은 사람들이 이런 조작에 가담하고 있습니다. 덕분에 순수한 맛집과 조작한 음식점을 구분하기가 점점 어려워지고 있습니다. 페이지랭크도 이러한 허점이 존재합니다. 정보 조작

단들은 양질의 페이지 링크가 아닌 밀어주기 위한 링크를 서로에게 올려줍니다. 이러한 조작 방법을 링크 팜link farm이라고 합니다. 그러나 구글은 수시로 검색 알고리즘을 수정하여 이러한 잘못된 방법들을 고쳐나갑니다.

대표 검색엔진

구글 검색 서비스는 연간 약 500건 이상씩 시스템 업데이트를 합니다. 하루에 약 1.3건의 크고 작은 로직을 변경한다는 의미입니다. 저품질 시스템을 매일 업데이트하기도 어려운 일인데, 구글은 최고의 검색 결과를 위해 날마다 고도화합니다. 구글 검색 서비스는 경쟁 검색 사이트에 비해 앞선 상태이고 아직 적수가 없다고 생각합니다. 경쟁 검색 사이트는 미국의 빙Bing, 덕덕고DuckDuckGo, 한국의 네이버Naver, 러시아의 얀덱스andex, 중국의 바이두Baidu 등이 있습니다. 경쟁 검색 사이트들은 구글 검색 서비스를 따라잡기 위해 노력하고 있습니다. 구글은 전 세계 인류에게 의미 있는 결과를 제공하고 있다고 말해도 틀린 말이 아닙니다. 이러한 노력 덕분에 구글 메인에 뜨는 첫 페이지는 조작단들의 정보가 아닌 사용자가 꼭 필요한 정보만으로 꽉꽉 채워져 있습니다.

검색엔진 최적화

길거리에서 전단지를 뿌리는 것처럼 구글에서 맛집을 홍보할 수 있는 방법은 있습니다. 바로 SEO입니다. SEO는 Search Engine Optimization의 줄임말로, 검색엔진 최적화라고 합니다. 검색엔진 최적화는 자신의 웹 페이지를 링크한 정보를 제공하는 것입니다. 이를테면 구글 애널리틱스에 가입하여 사이트 링크를 올리면, 구글은 이를 통해 정상적인 페이지 정보를 수집할 수 있고 사이트는 손쉽게 구글 검색 결과에 노출될 수 있습니다. 하지만 SEO에 등록했다고 모두 구글 검색 결과에 반영되는 것은 아닙니다. 구글이 링크를 모으는 방식을 돕는 것뿐이지 이를 노출하는 알고리즘은 별개의 문제입니다. 그래도 SEO를 등록하는 건 사이트를 구글에 노출하기 위한 가장 기본적이고 필요한 조치입니다.

진정한 정보 맛집을 위한 노력

> 완벽한 검색엔진은 당신이 뜻한 바(의도)를 정확하게 파악하고, 정확히 당신이
> 원하는 것을 제공할 수 있는 어떤 것이다.　　　　-구글 창립자 래리 페이지-

검색은 정보를 찾는 사람에게 있어 오아시스와 같습니다. 인터넷이라는 무한한 정보의 바다에서 검색은 정보와 사람을 이어주는 지식의 연결입니다. 인터넷 초창기에는 키워드가 많은 웹 페이지가 최상단에 뜨기 일쑤였습니다. 하지만 구글의 끊임없는 노력으로 우리 삶은 완전히 달라졌습니다. 0.5초 만에 꼭 필요한 정보를 찾을 수 있게 되었고, 좋은 콘텐츠를 만들면 페이지랭크 점수를 통해 알아서 퍼져나갈 수 있게 되었습니다.

📝 알아두면 좋은 IT 용어

DRY Don't Repeat Yourself

"자신을 반복하지 말라"

반복 금지! 애플리케이션의 목적 중 하나는 반복적인 일을 자동화하는 것입니다. 이러한 원칙은 코드에서도 유지되어야 하며 중복을 피하는 코딩을 지향합니다. 이러한 중복배제 원칙은 '모든 지식은 시스템 내에서 유일하고 중복이 없으며 권위 있는 표상만을 가진다'는 말로 표현하기도 합니다.

❝ 구글이 알려주는 정보 맛집 함께 찾아보시죠. ❞

프런트엔드와
백엔드 이야기

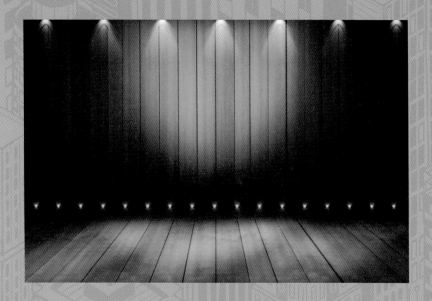

화려한 조명이 나를 감싸네

커튼이 내려진 어두운 무대가 있습니다. 점점 조명이 밝아지면서 공연이 곧 시작됩니다. 커튼 뒤에는 무엇이 있을까요? 또 누가 준비하고 있을까요? 우린 무대라는 경계를 기준으로 무대 앞에선 멋진 공연을 볼 수 있습니다. 그 경계 너머 무대 뒷편에서는 세트, 조명, 분장, 의상, 소품, 음악 같은 무대장치와 배우들의 연기와 감독의 상상력이 만나 화려한 공연이 완성됩니다. 무대는 작품이 펼쳐지는 새로운 세계입니다. 무대 디자이너는 눈에 보이는 이 공간을 새롭게 창조하는 일을 합니다. 그렇게 공연은 무대 디자이너가 만든 '프런트엔드'를 통해 관객들에게 선보이는 것입니다. 이 멋진 무대 프런트엔드는 어떻게 꾸며질까요?

프런트엔드

—

무대 '위'를 꾸미는 그들

프런트엔드란?

프런트엔드 Front-end 란 무엇일까요? 간단하게 말하면 사용자가 웹사이트에 접속했을 때 처음 보이는 영역을 프런트엔드라고 말합니다. 프런트엔드를 무대에 비유하면 화려한 무대가 본 공연을 기대하게 만들 듯, 사이트가 직관적이고 깔끔한 레이아웃이라면 홈페이지가 기대됩니다. 홈페이지 무대는 웹 디자이너와 프런트엔드 개발자가 만든 작품입니다. 웹 디자이너는 이미지와 색상 등 전체적인 디자인을 관여하는 역할을 하고, 프런트엔드 개발자는 코딩으로 사용자가 원하는 상호작용이 일어날 수 있도록 만들어주는 역할을 합니다. 예를 들면 저장 버튼을 눌렀을 때 제목이 비어 있다면 '제목을 입력해주세요'라는 경고창을 띄우는 일을 합니다. 이처럼 눈에 보이는 화면에서 일어나는 기능을 개발하는 것이 프런트엔드 개발자의 역할입니다.

무대는 공연이라는 서비스가 일어나는 공간입니다. 관객들은 이 공간에서 배우들이 준비한 공연을 볼 수 있습니다. 관객들은 공연과 무대가 어울리지 않는다면 공연 완성도가 떨어진다고 느낄 수 있습니다. 그렇기 때문에 무대 디자이너인 프런트엔드 개발자는 그 서비스가 가진 특징을 표현할 줄 알아야 합니다.

구글 검색 페이지

구글 홈페이지에 접속하면 보이는 건 흰 바탕에 가운데 검색창이 전부입니다. 공연 시작 전 커튼이 내려진 무대처럼 고요합니다. 구글이란 거대한 서비스를 만날 수 있는 방법은 자그마한 검색창이라는 작은 무대를 통해서입니다. 검색창은 자그맣지만 엔터 한 번으로 세상 모든 지식을 만나게 해줍니다. 검색창 무대를 만들기 위해서는 약 20억 줄의 소스 코드가 준비되어 있습니다. 프런트엔드는 거대한 사이트가 제공하는 기능을 만날 수 있는 통로입니다. 그렇다면 화려한 프런트엔드라는 무대를 꾸미기 위해서는 무엇이 필요할까요?

66 프런트엔드를 구성하는 데 필요한 재료들을
알아봅시다. 99

안전제일

골조 공사

무대를 짓기 위해서 먼저 기초 골조 공사를 합니다. 배우들이 공간을 누비며 노래와 춤을 출 수 있도록 튼튼한 뼈대를 만들어야 합니다. 프런트엔드에서는 이러한 기초 공사를 'HTML'이라고 하며, HTML은 화면에 기본적인 틀을 구성하는 뼈대 역할을 합니다.

HTML은 웹사이트에서 중요한 역할인 뼈대를 구축합니다. 홈페이지라는 단어 그대로 해석해보면 '집'이라는 의미를 갖습니다. 집과 홈페이지의 공통점은 바로 '기본 구조'가 있다는 것입니다. 집을 짓는 과정은 땅을 평평하게 만들고, 기둥을 세우고, 골조 작업을 합니다. 일명 '뼈대'를 올리는 작업을 합니다. 기초 공사가 허술하면 아무리 멋지고 화려한 집이어도 오랫동안 유지할 수 없습니다. 그렇기 때문에 HTML을 화려한 무대를 꾸미기 앞서 가장 중요한 기초 골격에 비유합니다.

—

무대를 공사하다

안녕! 마크업 언어

외계어 같은 프로그래밍 언어 (**출처** https://pixahive.com/photo/alien-greeting-illustration)

HTML은 우리가 코딩을 하기 위해 처음 만나는 마크업 언어입니다. 그리고 프로그래머가 되기 위해서 거쳐가는 첫 번째 코딩을 연습하는 대상도 역시 HTML입니다. 웹사이트를 만들기 위해서는 이 기초 공사가 선행되어야 합니다.

좋은 공연을 위해서는 튼튼하고 멋진 무대가 필요합니다. 무대가 공연을 이루는 근간이 되는 것처럼 HTML도 역시 웹을 이루는 근간이 됩니다. 매일 아침 사람들은 오늘 날씨를 검색하거나 뉴스를 읽곤 합니다. 이 모든 정보는 HTML이라는 무대 위에서 펼쳐지는 공연입니다. 그래서 우리가 가장 먼저 인사하는 프로그래밍 언어는 언제나 HTML입니다.

20개 태그로 시작된 HTML

http://info.cern.ch - home of the first website

From here you can:

- Browse the first website
- Browse the first website using the line-mode browser simulator
- Learn about the birth of the web
- Learn about CERN, the physics laboratory where the web was born

세상에서 처음 만들어진 웹사이트 (출처 http://info.cern.ch/)

최초의 웹사이트는 어떤 모습일까요? 영국 컴퓨터 과학자 팀 버너스 리는 1991년 약 20개 태그가 사용 가능한 최초의 HTML을 개발합니다. 이후 무대는 점점 화려하게 발전하기 시작합니다. 처음에는 나무 판자로 된 작은 무대였다면, 점차 움직이고 변신하는 최첨단 기계식 무대가 되었습니다.

HTML이 4.0 버전으로 업그레이드되면서 혁신적인 발전을 이룹니다. 단순히 사이트를 보여주는 데 그치지 않고 화려한 조명과 인테리어로 꾸밀 수 있는 기능이 추가됩니다. 글자 색상이나 크기를 조절하고, 하이라이트 효과를 적용할 수 있게 됩니다. 그리고 'DOM API'라는 기술로 프로그램에서만 가능하던 일들을 웹으로 가져올 수 있게 되었습니다. 현재의 HTML5 기술은 무대의 기초가 아닌 중심이 되었고 웹을 위한 최적의 기술이 되었습니다.

이젠 HTML5

HTML5는 HTML의 5번째 버전을 의미합니다. HTML5는 웹을 보조하는 기초에서 벗어나 상용화된 웹이 되었습니다. 최초의 HTML 기술은 웹 서비스 구성이 불가능했지만, HTML5 탄생으로 클라이언트와 서버와의 통신이 가능해졌습니다. 그리고 다양한 부가 기능을 통해 액티브엑스Active-X, 플러그인plug-in을 사용하지 않고도 웹을 구축할 수 있게 되었습니다.

알아두면 좋은 IT 용어

HTML 태그TAG

HTML을 기술하기 위하여 사용하는 명령어의 집합을 태그라고 합니다. 마크업 언어이며, 컴파일을 할 필요가 없어 사람이 읽을 수 있는 코드로 작성되어 있습니다. 태그는 기본적으로 여는 태그와 닫는 태그 쌍으로 구성됩니다.

66 무대를 지탱하던 기술은 어느새 무대를 움직이는
최첨단 기술이 되었습니다. 99

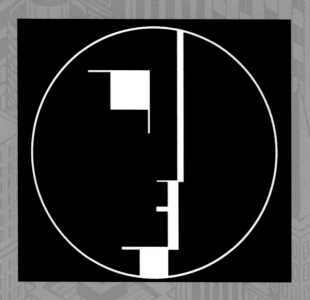

바우하우스

1919년 독일 건축가 발터 그로피우스가 설립한 종합예술학교의 이름은 '집을 짓는 다'는 뜻의 바우하우스 ^{Bauhaus}입니다. 바우하우스의 교육 과정은 '예술과 기술의 융합' 을 중요시하는 철학 때문에 다른 학교보다 특별합니다. 비생산적 예술 시스템을 지 양하고, 미래를 새롭게 구축하는 '총체적 예술'을 추구하였습니다. 예술이 대중에게 가까워질 수 있도록 노력하였고 그 결과 바우하우스 양식은 현대 디자인의 예술, 건 축, 그래픽 디자인, 실내 디자인, 공업 디자인, 타이포그래피 등에 큰 영향을 주었습 니다. 바우하우스의 단순하고 세련된 디자인은 전등, 벽지, 가구 같은 생활에서 사용 하는 제품에 녹아들어 지금까지 이어지고 있습니다.

웹에서도 HTML과 CSS라는 기술과 예술의 융합은 우리에게 웹 디자인이라는 영역 을 탄생시켰습니다. HTML과 CSS의 융합은 온라인에서 일어난 총체적 예술이라고 할 수 있습니다.

—

'스타일시트'라는 예술의 탄생

정보에서 디자인으로

CSS 로고

태초의 인간은 헐벗은 몸으로 태어났습니다. 두 발로 걷기 시작하면서 신체 보호를 위해 각기 다른 디자인의 옷을 입기 시작합니다. HTML은 웹의 '토대'이며 정보를 담기 위해 탄생한 첫 웹 언어입니다. HTML도 태어났을 때에는 헐벗은 모습이었습니다. HTML은 단순히 정보를 전하는 구조에 불과했습니다. 하지만 CSS_{Cascading Style Sheets}를 만나면서 정보를 전하는 실용성과 디자인이라는 예술이 융합한 '웹 디자인'이 탄생합니다. 웹 디자인이 탄생한 사건은 바우하우스에서 시작한 보편적이고 실용적이며 대중적인 디자인을 시도한 첫걸음이 있었기에 가능했다고 생각합니다.

처음 HTML이 등장했을 당시 CSS는 존재하지 않았습니다. HTML 문법으로는 글 정보를 웹에 보여주는 것에 지나지 않았고 글자 크기에 따른 강조 차이만 있을 뿐이었습니다. 하지만 인간의 예술적 욕망은 모든 대상을 아름답게 바꾸려고 합니다. 패션 디자인을 살펴볼까요. 옷의 처음 용도는 몸을 보호하기 위해서였습니다. 외부 환경에 몸이 다치지 않도록 몸을 보호하는 역할이었지만 지금의 패션은 그 이상입니다. 몸에 꽉 끼는 청바지, 굽이 높은 구두, 배를 드러내는 티셔츠처럼 건강을 해치더라도 튀는 디자인으로 자신의 매력을 드러내는 용도가 더 큽니다.

웹, 아름다움을 탐하다

청바지

HTML 디자인은 정보 제공 관점에서는 그다지 좋은 선택이 아닙니다. 마치

외적인 아름다움을 위해 불편한 스키니 청바지를 입는 것처럼 말이죠. 그 중에서도 CSS는 웹 페이지 용량을 무겁게 하는 주요 원인입니다. 실생활에서도 CSS의 불편함을 느끼는 순간이 있습니다. 바쁜 현대사회에 없어서는 안 될 필수품, 스마트폰이 그 주인공입니다. 저렴한 핸드폰 요금제의 경우 할당 데이터를 소진하면 '안심 옵션'으로 400kbps정도의 느린 속도로 인터넷을 즐길 수 있습니다. 이때 웹 서핑에서 느끼는 답답함은 이루 말할 수 없습니다. 정보라는 틀(HTML) 위에 얹은 디자인(CSS)는 무겁고, 무게가 많이 나갑니다.

하지만 인간의 욕심은 끝이 없고, 욕망을 담아냅니다. CSS가 만든 디자인은 바우하우스가 시작한 보편적인 디자인처럼 인터넷을 점령하였습니다. 기능적으로 훌륭한 사이트일지라도 이쁘지 않으면 주목받을 수 없는 시대가 되었습니다. 더 나아가 사용자가 한눈에 알아볼 수 있는 예쁘고 친절한 UX 디자인이 연구되고 있습니다. HTML 세계에서 이 스타일의 욕망을 담아낸 기술이 바로 CSS입니다.

📝 **알아두면 좋은 IT 용어**

UX User Experience / **UI** User Interface

UX란 사용자의 경험이라고 합니다. 어떤 서비스를 직, 간접적으로 이용하면서 느끼게 되는 총체적 경험을 말합니다.

UI는 서비스에 직접적으로 접하는 부분, 즉 사용자가 상호작용하는 매개체를 말합니다. 예를 들면 글꼴, 색, 레이아웃과 같이 사용자가 직접 마주하게 될 시각적인 요소입니다.

UI는 약속 시간에 정확하게 도착하기 위해 앞만 보고 달리는 고속도로라고 한다면, UX는 아름다운 경치를 보며 드라이브를 즐길 수 있는 해안도로에 비유할 수 있습니다.

CSS라는 옷을 입는 방법

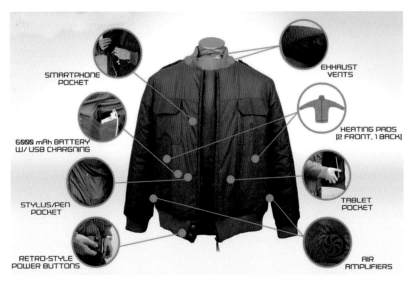

영화 〈백 투 더 퓨처〉 속 최첨단 재킷 (**출처** www.kickstarter.com)

영화 〈백 투 더 퓨처 Back to the Future〉 시리즈는 타임머신 장르의 한 획을 그었던 SF 영화입니다. 두 번째 시리즈에서는 자체 건조 시스템을 갖춘 최첨단 재킷이라는 인상적인 아이템이 등장합니다. 주인공이 물에 젖자 최첨단 재킷은 물기를 순식간에 건조해버립니다. 과거 영화처럼 최첨단 재킷은 그저 상상 속 아이템이었지만 2015년 실제로 그 일이 일어납니다. falyon이란 회사에서 'SDJ-02'라는 재킷을 만들었고 영화 속 재킷보다 더 많은 기능이 들어 있었습니다.

기술이 발전하면서 소재 개발로 운동복은 첨단을 입는다는 이미지를 주고, 한정판 디자이너 브랜드는 SNS에 재력을 과시하는 도구로 사용됩니다. 이처럼 옷을 입는 목적은 다양해졌습니다. CSS를 입는 방법도 다양하게 발전해갔습니다. 처음에는 필요할 때마다 가볍게 디자인을 씌우는 단순한 방법을 사용했지만, 점차 디자인이 발전함에 따라 전문가를 통해 최적화되고 아름다운 외부 디자인을 사용하기도 합니다. 복잡한 패션 디자인 세계처럼 CSS가 사용하는 디자인은 인라인 스타일, 내부 스타일, 외부 스타일로 구분해 여러 가지 기능을 아울러 사용할 수 있게 되었습니다. 이제 스타일별 기능에 대해 알아보겠습니다.

인라인 스타일

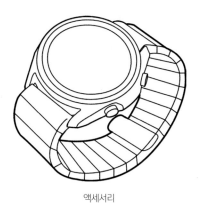

액세서리

인라인 스타일inline style은 스타일을 입혀주는 가장 원초적인 방법입니다. 패션으로 비유하자면 '액세서리'에 가깝습니다. 어떤 옷을 입어도 액세서리는 동일하게 노출되는 것처럼 이 방법도 짧은 문법으로 가장 우선순위로 적용됩니다. 문제는 액세서리가 너무 많아지면 과하다는 생각이 들듯이 이 방법을 쓰면 HTML이 복잡해지고 유지보수가 힘들어집니다.

```
<p style='color:blue'> 인라인 스타일 </p>
```

태그 안에 style이라는 속성을 선언하고, 이곳에 디자인을 입혀서 사용합니다. 예제는 p 태그 안에 글자를 파랗게 만드는 명령입니다. 짧은 태그에서는 가독성이 좋아 보이지만 꼭 필요로 할 때 한정적으로 사용하는 것이 좋습니다.

내부 스타일

티셔츠

내부 스타일internal style은 HTML 안에 CSS를 사용하는 방법입니다. 이 스타일의 장점은 HTML 문서 하나로 스타일시트까지 관리할 수 있다는 것입니다. 비유하자면 기본 티셔츠 같은 '내의'에 가깝습니다. 그날의 패션을 입기 전에 기본적으로 입어야 할 옷을 이미 입은 상태로 시작합니다. 하지만 정보와 디자인을 분리해야 하는 현대의 HTML 특성상 좋은 방법은 아니라고 생각합니다.

```
<style type="text/css">
    p {
        color:#ff0a00;
```

```
    }
</style>

<p> 내부 스타일 </p>
```

HTML 내부 안에 〈style〉 태그를 선언하고 그 안에 CSS 문법을 작성합니다. 이렇게 만들어진 페이지는 내부에서만 동작합니다. 만약 다른 곳에서 다시 사용하려면 그대로 복사해서 다른 페이지에 붙여 넣어 사용해야 한다는 단점이 있습니다.

외부 스타일

패션

외부 스타일External style은 CSS 파일을 분리한 방법입니다. 실제로 가장 많이 사용하는 보편적인 기술입니다. 전문가들이 옷을 만들어 판매하듯이 CSS

개발자들이 HTML에 구애받지 않고 자유롭게 창작할 수 있게 만들어준 방법입니다. 이런 방식은 여러 페이지를 동시에 스타일을 적용할 수 있고, 반복 작업을 하지 않게 합니다. 패션으로 비유하면 '기성복'에 비유할 수 있습니다.

```
<link rel="stylesheet" type="text/css" href="style.css" >
<p> 외부 스타일 </p>
```

외부 스타일은 HTML에서 배웠던 〈style〉 태그를 활용할 수 있습니다. 전문 디자이너를 이용해 HTML이라는 뼈대를 세련되고 멋지게 꾸밀 수 있는 가장 좋은 방법입니다.

옷을 잘 입는 비법은 '많이 접하고 입어보는 방법'이라고 합니다. 힙한 스타일부터 정장까지 다양하게 아이템을 구비하여 꾸미다 보면 나만의 스타일을 만들고 패션을 깨닫게 된다고 합니다. 이처럼 CSS를 입는 방법은 다양합니다. 제공되는 CSS 기능들을 충분히 인지하면 웹을 가장 잘 꾸밀 수 있습니다.

부트스트랩 Bootstrap

2011년 깃허브에 오픈소스로 공개된 HTML, CSS, 자바스크립트 프레임워크입니다. 즉, 웹 페이지를 쉽게 만들 수 있도록 도와주는 도구입니다. 웹 디자인의 혁명이라고 불릴 정도로 좋은 반응을 얻었습니다.

❝CSS의 시작은 다양하게 많이 입어보는 것입니다.❞

멈춰 있는 물건을 움직이게 하다

자바스크립트 비유를 위해 질문을 해보겠습니다. 정적인 것을 동적으로 만든 역동적인 발명품이 뭐가 있을까요? 저는 멈춰 있는 기계를 움직이게 하는 '전기'를 떠올렸습니다. 전자기학의 아버지 마이클 패러데이 Michael Faraday는 자기장을 이용해 전자기 유도 현상을 밝혀냈습니다. 인류에게 전기를 선물한 역사적인 사건입니다. 패러데이 이전에는 전기와 자기는 다른 현상이라고 알고 있었지만 패러데이가 자장의 변화로 주위에 전기를 생기는 법칙을 밝혀냅니다. 이는 현재 발전소에도 사용하는 방식입니다.

전기의 대중화를 위해 일생을 바친 에디슨은 1882년 뉴욕 한복판에 상업용 발전소를 세웁니다. 수많은 실패 끝에 탄소 필라멘트를 세상에 내놓은 지 불과 3년만이었습니다. 1879년 워싱턴에 위치한 국회도서관에는 전등을 설치하게 되었고 밤에도 책을 볼 수 있게 되었습니다. 에디슨의 전구는 버튼 한 번으로 세상을 밝힐 수 있게 되었고 인류 문화를 앞당겼습니다. 전기는 2차 산업혁명을 이끌었고, 낮과 밤의 경계를 무너뜨렸습니다. 멈춰 있던 바퀴를 구르게 만든 전기처럼 HTML이란 페이지를 움직이게 한 장본인은 자바스크립트입니다.

자바스크립트

—

무대를 위한 기술

자바스크립트의 탄생

자바스크립트

당시 웹 페이지는 움직이지 않는 정적인 상태였습니다. 신문처럼 한번 발행된 문서는 손으로 수정하지 않는 이상 그 모습이 유지되었고, 특별한 기술 없이도 누구나 규칙을 통해 글을 써서 온라인에 게재할 수 있게 되었습니다.

웹에서도 놀라운 사건이 일어납니다. 기존 웹 페이지의 정적인 글자들을 움직이게 하고 싶다는 상상을 하게 되는데 그 상상을 현실로 만든 주인공은 바로 넷스케이프^{Netscape}라는 회사입니다. 1995년 브라우저 시장을 지배하던 '내비게이터'는 프로그래밍 언어로 HTML의 생동감을 불어넣을 언어를 개발하기 시작합니다. 적임자로 고용된 브랜든 아이크^{Brendan Eich}는 열흘만에 지금의 자바스크립트^{JavaScript}를 완성합니다. 최초에 이름은 모카^{Mocha}였지만 라이브스크립트^{LiveScript}라는 이름으로 바꾸었다가 자바^{Java}의 유명세를 이용하기 위해 자바스크립트라는 이름이 탄생하게 되었습니다.

뼈대를 만드는 HTML과 스타일을 입히는 CSS는 정적인 화면이므로 화가가 그린 그림으로 비유합니다. 반면에 자바스크립트는 정적인 그림을 만화영화처럼 생동감 있게 만들어줍니다. 클릭하면 이미지가 나타나게 할 수 있고 마우스를 따라다니는 말풍선도 만들 수 있습니다. 자바스크립트는 웹과 사용자가 더 친밀하게 호흡을 맞추도록 환경을 만들어 주었습니다.

💡 자바스크립트의 특징

- 상속과 클래스 개념이 없는 객체 기반의 언어이다.
- 인터프리터 언어로 브라우저에 의해 해석 가능하다
- HTML 문서 안에 기술 가능하고 함께 수행한다.
- 클라이언트 자원을 활용할 수 있도록 한다.

자바스크립트 혁명

조명

조명은 무대를 돋보이게 합니다. 인위적으로 낮과 밤을 만들 수도 있고, 무대 위 특정 배우를 주목하게 할 수도 있습니다. 그리고 저녁에도 관객들은 밝은 조명 아래에서 공연을 볼 수 있습니다. 정적인 무대를 동적으로 만들어준 것은 전기를 통해 조명이 탄생한 덕분입니다. 전기 발명과 함께 급속도로 발전된 조명 기술과 광학 발달은 무대 예술의 중요한 시각적 표현 매체로의 역할이 증대되었습니다. 조명은 무대예술 분야에서 빛이라는 매개체를 이용하여 무대 공간을 비추어 화려하게 표현할 뿐만 아니라 관객에게 정서적 감동을 주고, 시간과 공간을 미학적으로 표현하는 시각예술로 승화되었습니다. 자바스크립트는 HTML이라는 무대를 화려하게 만들어준 장본인입니다.

자바스크립트는 웹이라는 세계에 혁신을 불러일으켰습니다. 자바스크립트가 없었더라면 포털 메인 홈페이지는 하루에 한 번씩 대자보처럼 뉴스를 전할 겁니다. 뉴스를 전하기 위해 시간에 맞춰 프로그래머들은 타이핑하여 소식을 수동으로 전달하고, 웹 페이지는 그저 정보를 보여주는 화면으로 종이 신문과 별반 다르지 않았을 것입니다. 하지만 자바스크립트로 인해 다이내믹한 웹 환경을 경험할 수 있게 되었습니다.

이제 웹은 새로운 서비스, 필요한 정보를 인터랙티브하게 보여주는 화려한 웹 페이지를 선보입니다. 화려한 기술의 원동력이 바로 자바스크립트입니다. 웹에 짜릿한 원동력을 심어준 자바스크립트는 지금도 우리의 일상에서 그 기술을 보여주고 있습니다.

브라우저를 벗어난 자바스크립트, Node.js

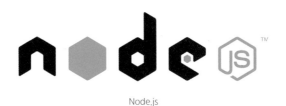

Node.js

자바스크립트의 발전은 현재 진행형입니다. 대표적인 예가 바로 Node.js라는 프레임워크입니다. 자바스크립트는 독립적인 언어가 아닌 스크립트 언어입니다. 예를 들면 크롬, 파이어폭스, 사파리, 익스플로러와 같은 웹브라우저에서 동작이 가능합니다. 클라이언트client 개발을 위한 용도로만 국한되어 있었습니다. 하지만 Node.js는 크롬의 자바스크립트 엔진인 V8을 이용해 한계를 뛰어넘었습니다. 다시 말하면 크롬에서 벗어나서 자바와 같은 서버 언어처럼 나의 데스크톱 터미널에서 사용할 수 있게 된 것입니다. 결론적으로 자바스립트 하나로 프런트엔드와 백엔드 모두 개발이 가능한 언어가 되었다는 것입니다.

라이언 달

Node.js를 창시한 라이언 달$^{Ryan Dahl}$은 1981년생으로 캘리포니아 샌디에이고 출신입니다. 그는 학부와 대학원 때 수학을 전공하고 프로그래머의 길로 들어섰습니다. 라이언 달은 조이엔트^{Joyent} 개발자 시절 동료들과 Node.js를 개발하고 2009년 최초 리눅스 버전을 발표했습니다. 그리고 2011년 윈도우 버전을 출시하게 됩니다. (조이엔트는 2016년 삼성전자에 인수되었습니다.)

Node.js를 사용하는 기업

2009년 Node.js 발표 후 10여 년이란 시간이 흘렀습니다. 짧지 않은 시간 동안 Node.js는 주류 개발 환경으로 자리매김했습니다. IT 기업들은 빠르게 Node.js를 받아들였고 많은 성과를 내고 있습니다. 그루폰^{Groupon}은 소셜 커머스를 대표하는 가장 큰 사이트입니다. 그루폰은 Node.js 덕분에 더 적은 하드웨어 성능으로 50% 이상 더 빠른 속도 향상을 가져왔다고 '노드데이 미트업'에서 성공 사례를 발표합니다. 세계에서 가장 많은 매출을 올리는 월마트^{WalMart}도 Node.js로 블랙 프라이데이 기간에 트래픽 53%를 처리하는 데 CPU 1%만을 사용했다고 발표했습니다. 온라인 결제 시스템 원조인 페이팔^{PayPal}은 분당 200만 건 이상을 처리하는 결제 서비스에서 가장 중요한 서버 응답 시간을 35% 단축시켰습니다. OTT 시장을 30% 점유하고 있는 넷플릭스^{NETFLIX}, SNS 대표주자 페이스북^{Facebook} 같은 세계를 이끌고 있는 IT 기업들은 Node.js를 선택했고 이를 통한 서비스 개선에 대한 발표가 잇따르고 있습니다.

더욱 확장하는 자바스크립트

애플리케이션 프레임워크

자바스크립트 활용은 여기서 끝이 아닙니다. 유니티^{Unity} 게임 엔진은 자바스크립트 문법으로 게임 개발이 가능합니다. 리액트 네이티브^{React Native}, 폰갭^{PhoneGap}, 아이오닉^{Ionic} 등 오픈소스 모바일 애플리케이션 프레임워크들은 자바스크립트로 개발한 모바일 앱을 iOS와 안드로이드에서 동작할 수 있도록 도와줍니다. 리액트, 앵귤러 같은 자바스크립트 기반 웹 개발 프레임워크와 라이브러리가 발표되는 등 자바스크립트의 영향력은 다양한 분야에서 두각을 나타내고 있습니다. 과연 자바스크립트는 어디까지 발전하게 될까요? 우리는 지금 그 발전 과정을 지켜보고 체험하는 시대에 살고 있습니다.

스크립트 언어 Script Language

소스 코드를 컴파일하지 않고도 실행할 수 있는 프로그래밍 언어를 말합니다.
컴파일러를 통해 실행 파일을 얻는 C, JAVA와 달리 스크립트 언어는 번역기에
의해 즉시 번역되어 바로 실행할 수 있습니다. 소스 코드를 실행하기 위해 웹
서버를 거치는 방식을 서버 사이드 스크립트server-side-script라고 하며 대표적인
언어로는 ASP, PHP, JSP, PYTHON, PERL, RUBY 등이 있습니다. 크롬이나
익스플로러처럼 내장된 번역기에 의해 서버를 거치지 않고 사용자 쪽에서 처리
되는 스크립트를 클라이언트 사이드 스크립트client-side-script라고 합니다. 대표적
인 언어로는 JavaScript, VBScript, JScript 등이 있습니다.

66 문서에 불과하던 HTML은
자바스크립트의 등장으로 다채로워졌습니다. 99

Ryan
Dahl

Node.JS 쉽죠?

백엔드 PD의 하루

백엔드 PD의 힘찬 목소리가 울려 퍼집니다. 영화 촬영 현장에는 사람이 많지만 배우들이 연기하는 카메라 저편은 고요합니다. PD의 촬영 시작 소리와 함께 카메라에 빨간 불빛이 들어오고 시끄럽던 현장이 조용해집니다. 배우들의 연기가 시작되면 더 바빠지는 사람들이 있습니다. 바로 '시나리오 작가', '촬영 감독', '조연출'입니다. '시나리오 작가'는 설계자입니다. 이들은 촬영이 시작되면 꼼꼼히 배우들의 대사를 살펴봅니다. 작가는 대본을 쓰기 위해 영화 주제와 등장인물을 구상하고 인물들이 얽힐 사건을 결정하고 전반적인 시놉시스를 써내려 갑니다. 장면에 따라 인물의 표정, 동작, 음향, 조명 등을 구성하고 주제에 맞게 줄거리를 작성합니다. 그렇게 작성된 대본은 배우들에게 전달되고 영화 속 대사가 됩니다. '촬영 감독'은 조각가입니다. 영화에서 가장 중요한 이미지를 만들어 내는 일을 합니다. 관객을 위한 장면을 고스란히 담아내기 위해 카메라로 가공된 영상들은 조명, 화면 구도, 카메라 기종, 렌즈, 필터, 카메라 위치, 촬영 기법에 따라 전혀 새로운 영상으로 재탄생합니다. 촬영 현장의 수많은 변수를 생각하면서 아름다운 장면들을 만들어 냅니다. '조연출'은 멀티플레이어로, 감독의 지시에 따라 영화 제작에 전반적인 업무를 수행합니다. 촬영 전에 시나리오를 검토하고, 현장에서는 연기자를 챙기고, 현장 제작진들을 감독 대행으로 통솔합니다. 촬영 중에는 카메라, 마이크, 조명, 스태프 관리에서부터 촬영 후 편집 작업까지 지원하고, 모든 과정을 감독에게 보고하며, 직접적으로 모든 관계자를 연결시켜주는 역할을 합니다. 그래서 조연출은 언제나 바쁩니다.

"시나리오 작가, 촬영감독, 조연출을 통솔하는 건 바로 백엔드 PD가 하는 일입니다."

—

무대 '뒤'를 꾸미는 그들

백엔드란?

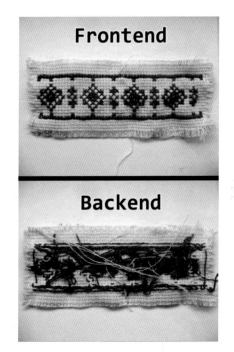

앞에 보여지는 프런트엔드와 보이지 않는 뒷편의 백엔드

백엔드Back-End는 웹사이트나 애플리케이션, 솔루션의 프로세스를 운영하는 자원입니다. 백엔드는 눈에 보이지 않는 서버에서 작용하는 기술을 다룹니다. 사용자가 취하는 행동에서 실질적인 부분을 처리합니다. 직접적으로 사용자와 상호작용하지는 않지만, 클라이언트가 요청하는 모든 명령을 매끄럽게 작동하도록 합니다.

백엔드는 우리 눈에 보이지 않아서 일반인에게는 체감하기 어려운 분야입니다. 마치 우아하게 떠 있는 자태를 뽐내기 위해 물 밑에서 쉴 새 없이 발을 구르는 백조의 발짓처럼 눈에 보이지 않는 일을 합니다. 출근 전 스마트폰을 꺼내 들고 오늘 날씨를 검색합니다. 지역을 선택하자마자 결과가 나타납니다. 오늘의 온도와 미세먼지 지수를 확인하기 위해 잠깐 동안 스마트폰으로 간편하게 날씨 서비스를 이용했습니다. 알고 보면 간단한 정보를 제공하기 위해 날씨 정보를 제공하는 업체는 오랜 시간을 투자하여 이 서비스를 만들었습니다. 영화를 만들기 위해 수백 명의 사람과 오랜 시간을 걸쳐 노력한 결과가 2시간짜리 짧은 영상으로 보이는 것처럼 프런트엔드에 공연하기 위해서 백엔드 PD의 엄청난 노력이 필요합니다.

시나리오 작가, 데이터베이스

시나리오 작가

정보를 담고 있는 데이터베이스는 백엔드에서 중요한 역할을 합니다. 데이터베이스는 영화 대사처럼 사용자에게 직접적으로 정보를 제공합니다. 만약 데이터베이스가 없었더라면 애플리케이션은 마치 무성영화처럼 보였을 것입니다. 녹음된 소리도 없고 대사도 없는 영화처럼 말이죠. 다행히도 영화에서는 대사를 담을 수 있는 녹음 기술이 있듯이 컴퓨터에는 데이터를 담을 수 있는 데이터베이스가 존재합니다. 덕분에 우리는 생동감 있는 애플리케이션을 즐길 수 있게 되었습니다. 해당 데이터베이스에 대한 내용은 4부에서 자세히 다뤄보겠습니다.

 데이터베이스 종류

- **관계형 데이터베이스**

  1980년대 주로 사용되었으며, 열과 행이 있는 테이블 집합으로 구성되었다. 관계형 데이터베이스 기술은 정형 데이터에 액세스하는 가장 효율적이고 유연한 방법을 제공한다.

- **객체 지향 데이터베이스**

  객체 지향 데이터베이스의 정보는 객체 지향 프로그래밍과 마찬가지로 객체 형태로 표현된다.

- **분산 데이터베이스**

  분산 데이터베이스는 서로 다른 사이트에 위치한 둘 이상의 파일로 구성된다. 데이터베이스는 물리적으로 동일한 위치에 있는 여러 컴퓨터에 저장되거나 다른 네트워크에 분산될 수 있다.

- **데이터 웨어 하우스**

  데이터 중앙 저장소의 역할을 하며, 빠른 쿼리 및 분석을 위해 특별히 설계된 데이터베이스 유형이다.

- **NoSQL 데이터베이스**

  NOSQL 또는 비관계형 데이터베이스를 사용하면 비정형 및 반정형 데이터를 저장하고 조작할 수 있다. 반면에 관계형 데이터베이스는 데이터베이스에 삽입되는 모든 데이터의 구성 방식을 정의해야 한다. 웹 애플리케이션이 더 보편화되면서 NOSQL 데이터베이스의 인기가 높아졌다.

- **그래프 데이터베이스**

  그래프 데이터베이스는 엔티티와 엔티티 간의 관계 측면에서 데이터를 저장한다.

촬영 감독, 서버

카메라

2020년 12월 14일 약 45분간 세상이 멈춰버린 사건이 발생했습니다. 구글에서 서버 장애가 일어난 것입니다. 서버 장애로 '유튜브', '지메일', '구글 드라이브' 등 구글이 운영하는 모든 서비스의 접속이 불가했습니다. 서버^{Server}는 클라이언트에게 네트워크를 통해 정보나 서비스를 제공하는 컴퓨터 시스템입니다. 이 고철덩어리 서버가 없다면 웹사이트는 동작할 수 없습니다. 마치 카메라 없이 영화 촬영을 한다는 것과 다를 게 없습니다. 다행히 서버는 존재하고 우리는 서버를 통해 전 세계에 연결되어서 어떤 정보라도 가져올 수 있는 환경을 즐기고 있습니다.

- **애플리케이션 서버**

  애플리케이션 서버는 사용자가 원격으로 액세스할 수 있는 애플리케이션을 호스팅하거나 배포하는 서버이다. 또한 애플리케이션 서버에 웹 페이지를 배치할 수 있다.

- **웹 서버**

  웹 서버는 웹 페이지만 배포할 수 있고 애플리케이션을 배포하거나 호스팅할 수 없다. Apache는 웹 서버이며, Apache Tomcat은 애플리케이션 서버이다.

- **프록시 서버**

  프록시 서버는 클라이언트와 서버의 중간에 위치하는 서버이다. 클라이언트의 요청에 따라 각 서버에 맞게 라우팅을 해주거나, 정보 등을 추가해서 서버 혹은 클라이언트에 데이터를 추가, 삭제하면 전달해주는 서버이다.

- **메일 서버**

  메일 서버는 전자메일을 수락하고 원하는 수신자에게 전자메일을 발송해주는 서버이다.

- **데이터베이스 서버**

  데이터베이스는 사용자 정보에 대한 정보를 담고 있는 서버이다. 데이터베이스 서버는 사용자가 데이터베이스에 연결할 수 있도록 해준다. 데이터베이스 서버의 종류로는 대표적으로 MySQL, MongoDB, Oracle 등이 있으며, 이 외에도 많은 종류의 서버군이 있다.

오늘도 아침에 일어나 포털 사이트에 접속해 일기예보를 보고, 인기 동영상 클립을 시청하셨나요? 모든 것은 백엔드 PD가 우리가 일어나기 전부터 당신을 위해 열심히 공연을 준비한 덕분입니다.

66 프런트엔드 공연을 위해 백엔드 PD는
오늘도 열심히 뛰어다닙니다. 99

세계 공용어, 코딩 공용어

2015년 '워싱턴 포스트'는 전
세계 언어의 흥미로운 사실을
차트로 정리하였습니다. 전 세
계에는 약 7,102개의 언어가 통용되고 있다고 합니다. 유럽에만 약 286개의 언어가
있고 아시아와 아프리카에서 사용하는 언어가 약 2천 개 이상이라고 합니다.

그중에서도 가장 많은 인구가 사용하는 언어는 중국어로, 약 9억 5천5백만 명이 사
용 중입니다. 그다음은 약 4억 5천 5백만 명이 사용하는 스페인어입니다. 그리고 우
리에게 익숙한 영어는 3억 6천만 명이 사용합니다. 그다음은 힌디어, 아랍어 순입니
다. 만약 전 세계 인구를 100명으로 줄여보겠습니다. 그럼 어떤 언어들을 구사할까
요? 17명은 중국어를, 6명은 스페인어를, 5명은 영어를, 4명의 사람은 힌디어를 사용
합니다. 그리고 나머지 68명의 인구는 저마다 각자의 언어를 사용하면서 절반 이상
은 소통 불능 상태가 될 것입니다.

이러한 혼란을 방지하기 위해 세계는 공용어를 채택하였습니다. 바로 영어입니다. 영
어는 전 세계 25% 인구가 사용이 가능하고, 인터넷에 저장된 정보 80%도 모두 영어
로 되어 있습니다. 전 세계를 여행하기 위해 하나의 언어를 배워야 한다면 영어를 배
우는 게 유리하지만 영어보다도 보편화된 공용어가 있습니다. 바로 '보디랭귀지'입니
다. 몸짓 언어라고 불리는 이 방식은 말도 글자도 통하지 않는 곳에서도 유일하게 의
사소통이 가능한 수단입니다. 몸짓 언어의 가장 큰 특징은 직관적입니다. 살아온 환
경은 달라도 제스처를 통해 상대의 의도를 알아차릴 수 있습니다. 보디랭귀지와 같
이 프로그래밍 언어 사이에서도 서로의 의도를 파악할 수 있는 'JSON'이라는 공용
어가 존재합니다.

JSON

—

프런트엔드와 백엔드를 이어주는

가장 많이 사용되는 프로그래밍 언어는?

프로그래밍 언어

깃허브^{GitHub}는 2021년 프로그래밍 언어 점유율을 발표하였습니다. 1위는 18%의 자바스크립트^{JavaScript}, 그다음은 16%의 파이썬^{Python}입니다. 그리고 자바^{Java}가 11%, 고^{GO}가 8%입니다. 깃허브 기준으로 살펴보면 개발자들이 가장 많이 사용하는 언어는 자바스크립트임을 알 수 있습니다. 보통 컴파일 언어를 하는 개발자라면 대부분 자바스크립트를 이해하고 사용할 줄 알기 때문에 자바스크립트는 프로그래밍 언어에서는 '영어'라고 할 수 있습니다.

프로그래밍 언어들의 공용어, JSON

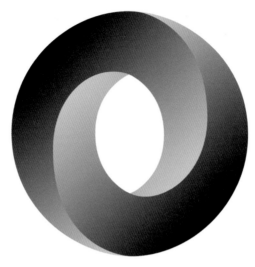

JSON 로고

언어가 통하지 않는다면 최후의 수단인 보디랭귀지를 이용합니다. 대화 중에 얻을 수 있는 정보의 80% 이상은 상대방의 비언어적 행위에 있다고 합니다. 사람은 이렇게 서로가 이해 가능한 표현을 할 수 있지만 서로 다른 프로그래밍 언어가 만나면 어떻게 의사소통이 가능할까요? 프로그래밍 언어는 인간처럼 몸짓이 있는 것도 아니고 직관적인 사고를 가진 것도 아닙니다. 현재 프로그래밍 언어는 약 700여 개 정도로 예상합니다. 하지만 걱정하지 않아도 됩니다. 언어 간에도 공용어가 있습니다. 자바로 만들어진 데이터를 새로 탄생한 프로그래밍 언어로 전달해야 한다면 그 언어를 배우지 않아도 JSON 방식을 통해 전달하면 이를 이해할 수 있습니다. JSON 방식을 사용한다면 어떤 프로그래밍 언어들 사이에서도 쉽게 데이터를 공유하고 의사소통이 가능합니다.

```
{
  "name": "고코더",
  "homepage": "GoCoder.Net",
  "job":  "developer"
}
```

JSON으로 표현한 필자의 정보입니다. 한눈에 들어오는 정보가 읽기도 편하고 이해하기 더 쉽습니다. 이 방식은 경량화된 데이터 교환 방식입니다. 키와 값이 쌍으로 이루어진 방식으로 인간이 읽을 수 있는 텍스트를 사용하는 개방형 표준 포맷입니다. JSON은 사람과 기계 모두가 이해하기 쉬워서 데이터 전송과 수신에 많이 사용합니다. 하지만 JSON은 데이터를 표현하는 포맷일 뿐이며 통신 방법도, 프로그래밍 문법도 아닙니다. 말 그대로 정보를 전달하기 위한 하나의 공통적인 방법이라고 할 수 있습니다.

XML vs JSON

```xml
<?xml version="1.0"?>
<quiz>
 <qanda seq="1">
  <question>
   Who was the forty-second
   president of the U.S.A.?
  </question>
  <answer>
   William Jefferson Clinton
  </answer>
 </qanda>
 <!-- Note: We need to add
  more questions later.-->
</quiz>
```

XML

XML

영어가 세계 공용어로 선택받은 이유는 아마도 세계의 패권을 쥐고 있는 미국이 사용하기 때문이라고 많은 전문가들이 말합니다. 그렇다면 JSON 은 왜 프로그래밍 언어 사이의 공용어가 되었을까요? JSON 이전에는 XML_{eXtensible Markup Language}이라는 데이터를 표현하는 W3C의 표준이 존재했습니다. 하지만 2009년 ECMAScript5에서 스크립트 엔진의 기본 기능으로 내장하였고, 새롭게 출시되는 브라우저들 기준에서는 XML을 읽는 것보다 JSON을 읽는 것이 트래픽이나 성능 면에서 훨씬 더 좋은 선택이 되었습니다. 데이터를 표현하기에 가장 적합한 언어가 탄생했기 때문에 XML의 사용 빈도는 점점 줄어들고 개발자들은 JSON을 선택하게 되었습니다. 이러한 이유로 JSON이 프로그래밍 언어의 데이터를 전달해주는 표준 방식이 되었습니다.

 JSON과 XML 특징 비교

	JSON	XML
공통점	• 데이터를 저장하고 전달하기 위해 고안되었다. • 기계뿐만 아니라 사람도 쉽게 읽을 수 있다. • 계층적인 데이터 구조를 가진다. • 다양한 프로그래밍 언어에서 읽을 수 있다.	
차이점	• JSON은 종료 태그를 사용하지 않는다. • JSON의 구문이 XML의 구문보다 간결하고 짧다. • JSON이 XML보다 더 빨리 읽고 쓸 수 있다. • JSON은 XML과 달리 배열을 사용할 수 있다.	

프런트엔드와 백엔드 개발자를 연결하다

연결선

USB 케이블은 PC와 주변기기나 스마트폰 등을 연결하는 데 사용합니다. 1998년 등장한 USB는 혁신이었습니다. 편리하게 기기를 연결할 수 있는 것도 모자라 12Mbps라는 엄청난 속도를 자랑했습니다. 1초에 1MB가 정도의 데이터를 보낼 수 있었습니다. 당시 전화선을 이용한 모뎀 기술은 1초에 5KB라는 속도에 비교하면 엄청난 발전이었고, 컴퓨터는 모든 기기와 쉽게 연결할 수 있게 되었습니다. USB 케이블 하나만 있으면 별다른 저장장치 없이 쉽게 데이터를 옮길 수 있습니다. 그렇게 전자기기를 연결해주는 USB 케이블처럼 프런트엔드와 백엔드를 연결해주는 혁신적인 존재가 바로 JSON이 아닐까 생각합니다.

JSON은 USB 케이블처럼 프로그래머를 연결해줍니다. 최신 코딩 트렌드는 화면을 개발하는 프런트엔드, 데이터를 제공하는 백엔드를 나누어서 개발을 진행하는 것입니다. 이때 JSON의 진가가 발휘됩니다. 백엔드에서 필요한 데이터를 JSON 형태로 모아서 API 형태로 프론트에 보내주면 프런트엔드는 데이터를 활용하여 화면을 그려줍니다. JSON은 프로그래밍 언어의 장벽뿐만 아니라 개발자들 사이에 소통의 장벽까지 열어주었습니다.

📝 알아두면 좋은 IT 용어

반응형 웹 responsive web

디바이스의 디스플레이 크기에 따라 화면이 최적화되도록 자동으로 조절되는 웹사이트를 말합니다. 하나의 HTML 소스만으로 모든 장치에서 최적화된 환경을 제공합니다. 덕분에 비용과 시간 그리고 인력을 줄일 수 있습니다.

66 JSON, 프로그래밍 언어 사이의 장벽을 허물다. 99

PART

03

서버 이야기

자연 속 서버, 나이테

나무 한 그루가 있습니다. 나무의 나이는 사람 나이로 약 60세 정도입니다. 길가에 흔하게 보이는 은행나무도 평균적으로 약 100년 이상을 살 수 있다고 합니다. 세계에서 가장 오래된 나무는 캘리포니아 인요 국유림Inyo National Forest에 있는 므두셀라 나무입니다. 추정 나이는 무려 4,847세에 달하는 것으로 알려져 있습니다. 인더스 문명, 황하문명 시작되던 무렵에 심어져 오늘날까지 이르렀습니다.

나무는 일 년에 한 번씩 '나이테'를 기록합니다. 나무는 사계절을 지나면서 자신이 살아온 한 해를 나이테란 성장 기록으로 남깁니다. 나무의 성장 기록은 옅은 색과 짙은 색이 차례대로 새겨집니다. 이러한 기록으로 시간의 흐름뿐만 아니라 과거의 기후를 알아낼 수 있습니다. 추운 날씨에는 간격이 촘촘하고, 햇살이 풍부한 날씨에는 간격이 넓습니다. 그뿐만 아니라 화산 폭발이나 천재지변 같은 사건들처럼 숲속에서 일어난 일을 저장한 자연 속 '서버'와 같은 역할을 합니다.

데이터센터

—

육지가 된 서버

IDC? DC 코믹스?

DC코믹스 (출처 https://www.dccomics.com/characters)

IDC 단어가 생소합니다. 슈퍼맨, 배트맨 시리즈로 유명한 DC 코믹스는 알지만 IDC는 좀처럼 연상되는 단어가 없습니다. 일부 사람들은 IDC를 '데이터센터'라고 부르거나 서버가 모여 있는 공간이라서 '서버실'이라고 하기도 했습니다.

IDC는 Internet Data Center의 약자로 우리나라 최초 IDC는 1999년 논현동에 설립된 LG데이콤의 '한국 인터넷 데이터센터'입니다. 통상적으로 통신업체의 데이터센터는 트래픽을 많이 사용하게 되어 이를 'IDC'라고 불렀고, 그 외의 장소들을 '데이터센터'라고 했습니다. 지금은 모든 데이터센터들이 트래픽을 사용하는 인터넷망에 연결되어 있어 'IDC'와 '데이터센터' 용어의 경계는 모호해졌습니다. 요즘은 전문적으로 보이고 싶을 때는 IDC로, 일반적으로는 데이터센터로, 연식이 오래된 개발자는 서버실이라는 호칭으로 부르곤 합니다.

한국 최초의 서버는 나무?

데이터센터 각 (**출처** datacenter.navercorp.com)

한국 최초의 데이터센터는 해인사입니다. 이곳에는 팔만대장경이 보관되어 있습니다. 700년 전 부처님 말씀을 기록하기 위해 나무를 깎아 글자를 새겨서 완벽하게 보존한 상태로 전해 내려오고 있습니다. 물론 서버처럼 전기와 하드디스크를 이용한 보관 방식이 아닌 수동 방식이지만 데이터를 보존하고, 꺼내볼 수 있다는 점에서 해인사가 한국 최초의 서버가 아닐까 생각합니다.

그렇다면 한국에서 가장 큰 IDC는 어디에 있을까요? 강원도 춘천시 동면 만천리 구봉산 자락에는 12만 대의 서버가 모여 있습니다. 바로 한국 최대

데이터센터 '각'이 위치해 있습니다. 2013년 네이버가 건설한 이 곳은 연평균 온도가 11.1℃이며, 여름철 평균온도는 25℃ 이하로 유지되는 서늘한 곳입니다. 데이터센터가 운영되기에 최적화된 장소입니다. '각'이라는 이름은 팔만대장경을 지켜온 대장경의 정신을 이어받기 위해 지어졌다고 합니다. 숲과 나무에서 시작된 나이테라는 기록이 이제는 데이터센터와 서버가 되어서 이어져 내려온 게 아닐까 생각합니다.

IDC가 필요한 이유

서버를 모아둔 곳이 IDC입니다. 그렇다면 서버는 무엇일까요. 서버는 컴퓨터입니다. 그러니 데스크톱도 서버가 될 수 있습니다. 지금은 서버 전용 컴퓨터가 출시되고 있지만, 저도 몇 년 전까지는 제 홈페이지의 서버를 집에서 놀고 있는 컴퓨터로 사용했습니다. 불안정한 환경으로 종종 다운되거나 재부팅되어 IDC로 옮겨 운용 중입니다.

사용자 수가 적었던 인터넷 초창기에는 거대한 1대의 컴퓨터를 적절한 곳에 두고 서버로 운영했습니다. 그러나 닷컴 버블dot-com bubble 시기를 지나면서 인터넷 이용자가 급격하게 증가했고, 엄청나게 불어난 인터넷 사용자로 인해 기업은 산발적으로 흩어져 있는 서버들을 한곳에 모아 안정적인 서비스를 운영하고 싶어 했습니다. 이렇게 서버를 한 공간에서 문제가 생기지 않도록 관리하려는 목적으로 건물을 설계하고, 서버를 모으고, 이를 운영하는 인력을 고용하면서 IDC라는 개념이 탄생합니다.

IDC라는 호텔

호텔

호캉스는 호텔과 바캉스가 합쳐진 신조어입니다. 복잡한 관광지로 떠나지 않고 호텔을 여행지 삼아 보내는 방법을 말합니다. 호텔의 장점은 모든 걸 마음껏 즐길 수 있다는 점입니다. 단점은 비용이 다소 비싸다는 것이지만, 청소도 해주고, 뷔페를 먹을 수도 있고, 관리비를 내지 않아도 물과 전기를 마음껏 사용할 수 있습니다. 이런 호텔 서비스와 닮아 있는 곳이 바로 데이터센터입니다.

IDC는 서버 컴퓨터의 호텔이라고 할 수 있습니다. 서비스를 최상의 상태로 유지하도록 전문가들이 상시로 대기하는 최고의 호텔입니다. 온도가 높아지면 낮춰서 일정 온도를 유지하도록 하고, 전기가 차단되면 보조 전력을 가동해서 입주자를 위한 최고의 서비스를 제공합니다. 또한 데이터라는 재산을 보호하기 위해 바이러스와 해커의 침입을 차단하기도 합니다. 자연재해를 대비하기 위해 안전한 곳에 만들고, 내진설계와 화재 초기 진압 등 재난 방어 시스템을 가동합니다. 서버라는 손님들이 최상의 서비스를 제공받으면서 안전하게 웹 서비스를 제공할 수 있도록 도와주는 비싼 호텔입니다.

장애가 발생해도 시스템을 이어가는 다중화

나무와 데이터센터의 가장 큰 차이점은 다중화입니다. 어쩌면 데이터센터는 나무보다 숲이 더 적절한 비유이기도 합니다. 숲속 나무들은 숲에서 일어난 일들을 나이테로 기록합니다. 숲속 나무 하나가 메말라 버린다고 해도 다른 나무의 나이테는 여전히 숲속의 사건들을 기억하고 있습니다.

구글이 가지고 있는 전 세계 서버 수는 약 250만 대 이상이라고 합니다. 구글은 전 대륙에 데이터센터를 설립하여 운영 중입니다. 전 세계 곳곳에 IDC를 운영하는 이유는 서비스의 안정성을 보장하기 위해 '다중화'라는 방식입니다. 만약에 특정 지역의 IDC가 감쪽같이 사라지더라도 나머지 IDC는 작동하기 때문에 구글의 서비스는 멈추지 않습니다. 여러 컴퓨터의 데이터를 동시에 보관하여 데이터의 안정성을 확보해 사용자가 신뢰할 수 있도록 만들어줍니다.

'서버'라는 숲속

나무는 인간이 호흡할 수 있도록 공기정화를 통해 산소를 만들어줍니다. 비행기에서 내려다보면 푸른 나무들이 많이 보입니다. 빼곡한 나무 틈 사이로 도시들이 끼워져 있다가 거대한 숲이 나타납니다. 그리고 끝없이 펼쳐진 바다가 보이기 시작합니다. 결국 인간이 만든 도시도 거대한 자연 속에 있을 뿐입니다.

우리는 아침부터 저녁까지 엄지손가락 하나로 서버에 접속합니다. 요즘에는 하루라도 인터넷과 SNS를 하지 않으면 사회생활이 불가능할 지경입니다. 서버는 눈에 보이지 않지만 공기처럼 없으면 안 되는 중요한 자원이 되었고, 어쩌면 인간은 서버라는 거대한 IT 자연 가운데 끼어 있는 하나의 사용자가 아닐까라는 생각이 듭니다.

📝 알아두면 좋은 IT 용어

호스팅 hosting

서버의 전체 혹은 일부를 이용할 수 있도록 임대해주는 서비스를 말합니다. 호스팅을 사용하면 24시간 내내 안정적으로 전기도 공급하고, 인터넷 회선도 유지하고, 보안까지 갖추어서 서버를 관리해줍니다. 호스팅은 크게 웹 호스팅, 서버 호스팅, 클라우드 호스팅으로 구분됩니다. 웹 호스팅은 하나의 서버 장비를 여러 명이 공유하여 사용합니다. 저렴한 가격 덕분에 가장 많이 사용됩니다. 서버 호스팅은 한 명의 고객이 하나의 서버를 임대합니다. 가격은 비싸지만 대형 홈페이지를 구축할 수 있습니다. 클라우드 호스팅은 물리적 장비가 아닌 가상 서버를 임대합니다. 자유롭게 서버 스펙을 조절하고 사용한 만큼 금액을 지불합니다.

66우리는 서버라는 보이지 않는
연결된 고리에 얽혀 살아갑니다. 99

구름을 관측하는 최초의 기상예보

1859년 10월 로열 차터 사가 운행하는 여객선이 웨일스 서북 해안에서 거대한 폭풍우를 만나 침몰합니다. 약 459명의 인명피해와 1억 5천만 달러 상당의 금괴까지 소실되고 다른 수많은 배들까지 침몰했습니다. 영국 해군 장교였던 로버트 피츠로이Robert FitzRoy는 변화무쌍한 구름으로 기상을 예측해 앞으로의 해양 사고를 막고자 했습니다. 그는 기발한 아이디어를 떠올립니다.

로버트 피츠로이는 영국 본토 전역과 캐나다, 인도, 호주, 포클랜드 제도, 세인트 헬러 등에 관측소를 세우고, 기온, 풍향, 풍속, 기압 등 다양한 데이터를 케이블이나 무선전신으로 전송하여 1~2일 정도의 기상 데이터를 분석했습니다. 1861년 7월 31일 최초의 기상예보가 시작되었습니다. 온화하고 잠잠할 거라는 그날의 기상 예측이 들어맞으면서 본격적으로 변화무쌍한 구름을 예측하게 됐습니다. 이렇게 구름을 관측하는 시스템은 클라우드 서버가 작동하는 방식과 매우 유사합니다.

하늘로 간 서버

구름처럼 지구를 연결하는 시스템

지구

로버트 피츠로이가 발표한 예보는 정확도가 매우 낮았고, 더이상 유의미한 결과를 도출하기 어려웠습니다. 구름을 통한 기상 예측 도전은 50년 후로 이어집니다. 영국의 수리물리학자 겸 기상학자인 루이스 프라이 리처드슨은 1차 세계대전 당시 구급차 운전병으로 환자를 이송하던 중 기상 예측 방정식을 생각했습니다. 그는 특정 장소의 날씨를 예측하기 위해서는 지구 전체를 대상으로 예보를 해야 한다는 것을 깨달았습니다. 이를테면 우리 동네 날씨를 알기 위해서 옆 동네 날씨를 알아야 하고, 옆 동네 날씨를 알기 위해서는 옆 나라 날씨를, 그리고 옆 나라 날씨를 알기 위해서는 옆 대륙 날씨를 알아야 하는 원리와 같습니다.

루이스 프라이 리처드슨은 지구를 거대한 바둑판 모양의 정사각형으로 나누고 6만4천여 명이 각 구역을 계산했습니다. 이렇게 계산한 데이터를 모아 전 세계 기상을 관측하려는 아이디어를 생각해 낸 것입니다. 최초의 컴퓨터 '에니악^{ENIAC}'으로 24시간이라는 지금에 비하면 긴 시간이 걸렸지만 보다 정확한 날씨를 예측할 수 있는 수학 방정식에 의한 기상예보가 탄생한 순간입니다. 리처드슨이 상상했던 지구를 뒤덮는 관측을 통해 데이터를 모아 날씨를 예측하여 인류를 이롭게 하는 방식은 지금 현재도 계속되고 있습니다. 바로 리처드슨이 관찰했던 구름과 같은 이름을 가진 클라우드 서버에서 말이죠.

클라우드는 왜 하필 구름일까?

클라우드 컴퓨팅

리처드슨이 구름을 관측해 매서운 눈, 비, 바람을 피할 수 있게 해준 '이동의 자유'와 날씨를 미리 빠르게 알려주는 '신속성'은 현재 클라우드 서버가 주는 유익과 흡사합니다. 클라우드는 원거리에 있는 서버에 저장되어 있는 리소스들을 자유자재로 사용할 수 있는 형태로 구성되었습니다. 덕분에 공간의 제약 없이 지구 반대편 서버를 통해 서비스를 제공받을 수 있는 이동의 자유를 줍니다. 그리고 직접 모든 서버를 일일이 구축하지 않아도 마우스 클릭만으로 클라우드 서비스를 이용할 수 있게 만들어주는 신속성은 바로 리처드슨이 구름을 관측해서 얻은 유익과 닮아 있습니다.

'구름'으로 '클라우드'를 비유하는 것은 정확한 설명이 아닐 수도 있습니다. 클라우드라는 용어 개념 또한 분명하지 않습니다. 필자가 가장 신뢰하는 어원은 서버 클러스터의 모습에서 따왔다는 유래입니다. 네트워킹 개념도에서 서버 클러스터를 둘러싼 여러 프로그램 아이콘이 멀리서 보면 마치 구름 모양과 비슷하다는 설명입니다. 클라우드 형태는 실제로 볼 수 없지만 조금이라도 친숙한 '구름'으로 구체화하고 싶었던 것은 아닐까요? 클라우드를 직관적으로 이해하고 싶은 사람의 마음이 담긴 건 아닐지 생각합니다. 어떤 이유든 클라우드는 구름을 뜻하고 많은 사람들은 클라우드 서버라는 말을 자연스럽게 사용하게 되었습니다.

하늘로 올라간 구름, 클라우드 서버

구름

만약 하늘에 구름이 없다면, 하늘에서 비가 내리지 않는다면 어떨지 상상해 본 적 있나요? 구름은 지구상 어느 동물보다 무겁고 부피가 크며 하늘에 무수히 많이 떠있습니다. 언제, 어디서든 고개만 올리면 보이는 이 솜뭉치들은 고체처럼 보이지만 대기 중의 수증기가 상공에서 응결하고, 승화하여 작은 물방울과 얼음 결정들이 무리 지어 공기 중에 떠다니는 것입니다. 구름은 지구 어디든 비를 내리게 하고, 가끔은 태풍을 몰고 와 인명피해를 입히기도 했습니다. 그래서 바다에 나가는 일은 언제나 위험한 일이었습니다.

클라우드 시스템이 없었을 당시에는 개인이 인터넷을 하기 위해서 자신만의 한 조각 구름을 가져야만 했습니다. 컴퓨터를 구입하고, 소프트웨어 라이선스를 구매하고, 통신 장비들을 구축해야 했습니다. 하지만 이러한 장비는 몇몇 사람들을 제외하고 하루에 잠깐씩만 사용될 뿐이었습니다. 사람들은 컴퓨터도 수도나 전기처럼 공공자원처럼 사용하고, 사용한 만큼 돈을 지불하면 합리적이라고 생각했고 이를 실천에 옮겼습니다. 각자가 가지고 있던 구름은 하늘로 올라갔고 하늘에 떠다니는 구름 뒤 보이지 않는 클라우드 시스템에 인터넷으로 연결만 하면 원하는 작업을 할 수 있습니다. 문서 편집 프로그램 없이 구글 문서에 접속해 서류 작업을 하고, 셀카를 찍어 SNS에 공유할 수 있습니다. 바로 하늘에 있는 구름처럼 클라우드 시스템이 시작되었습니다.

클라우드 서비스 방식

클라우드 컴퓨팅 서비스에는 SaaS^{Software as a Service}, PaaS^{Platform-as-a-Service}, IaaS^{Infrastructure-as-a-Service} 세 가지가 있습니다. 각각 서비스가 어떤 경우에 사용 되는지와 구체적으로 어떤 역할을 하는지 알아보겠습니다.

SaaS

최초의 클라우드 서비스는 1995년에 시작됩니다. 미국 제너럴 매직^{General Magic}이 미국 등 여러 통신사와 제휴를 맺으면서 탄생하였고 2005년에 본격적으로 론칭하였습니다. 특정 소프트웨어를 필요한 시기에 인터넷으로 접속해서 사용하고 사용한 만큼 비용을 지불하는 제도가 정착됩니다. 최초의 클라우드 서비스는 지메일^{Gmail}, 드롭박스^{Dropbox}와 같은 SaaS입니다. SaaS는 일상생활에 가장 가까운 클라우드 방식이며, 복잡한 프로그램 없이도 구름 한 조각에 접속하면 즉시 사용이 가능합니다.

PaaS

플랫폼 구축하는 일은 개발자들에게 많은 비용과 시간이 소비됩니다. 서버를 구매하고, IDC에 입고하고, 서버 프로그램과 보안까지 신경 쓸 것이 너무 많습니다. 그런 문제를 해결하기 위해 클라우드의 플랫폼 애플리케이션을 제공해주는 방향으로 발전되었습니다. 프로그램을 개발하기 위한 인프라, 미들웨어, 개발 툴 등을 별도로 구축하거나 구매하지 않고 클라우드 서비스가 제공하는 플랫폼 위에서 곧바로 개발에 들어갈 수 있습니다. SaaS 방식이 구름 한 조각에 접속한다면 PaaS 방식은 구름 안으로 들어가서 준비된 컴퓨터 자원들을 활용하는 방식입니다. 잘 마련된 집을 빌리고 그에 맞는 비용을 지불하는 것입니다.

IaaS

IaaS는 서비스를 만들기 위한 모든 것이 준비되어 있는 방식입니다. 사이트를 운영하기 위한 하드웨어, 소프트웨어, 데이터베이스, 저장공간, 보안 등 모든 것을 할 수 있습니다. 하늘에 떠 있는 구름을 바라보며 상상합니다. '자유롭게 떠다니는 구름처럼 하늘 위에서 세상을 바라보면 어떨까?'라는 상상을 현실로 이뤄냈습니다. 클라우드 서비스는 구름 그 자체가 되었습니다. 아마존 웹 서비스Amazon Web Services, 마이크로소프트 애저Microsoft Azure, 구글 클라우드 플랫폼Google Cloud Platform, IBM 스마트 클라우드 서비스IBM SmartCloud Service라는 4대 클라우드 서비스는 우리의 삶을 완전히 바꿔 놓았습니다.

클라우드 서버 대표 서비스

만약 오늘날 소셜 네트워크 서비스 사이트를 만들고 싶다면, 커다란 구름 한 조각을 빌려 사용할 수 있습니다. 직접 만든 시스템은 커다란 구름의 일부로 자유롭고 안전하게 떠돌아다닐 수 있습니다. 급증하는 사용자로 인한 트래픽 과열을 신경 쓰지 않아도 되고, 자연재해로 인해 서버가 소실될 염려도, 해커 공격으로 서버가 망가질 걱정도 하지 않아도 됩니다. 클라우드 시스템은 누구나 커다란 구름이 될 수 있도록 만들어 주었습니다.

구름을 관측하고 싶어 했던 '로버트 피츠로이'와 하늘의 모든 데이터를 관측하여 분석하고 싶었던 '루이스 프라이 리처드슨'처럼 이들이 했던 공상은 클라우드 시스템이라는 가능성을 희미하게 연상시킵니다. 세상을 이롭게 하고 싶었던 그들의 공상은 세상 모든 사람을 연결해서 자유롭게 떠다닐 수 있는 구름, '클라우드'라는 시스템으로 탄생하였습니다.

📝 알아두면 좋은 IT 용어

AWS Amazon Web Services

아마존닷컴의 클라우드 컴퓨팅 사업부가 제공하는 서비스입니다. 네트워킹을 기반으로 가상 컴퓨터와 스토리지, 네트워크 인프라 등 다양한 서비스를 제공합니다. 비즈니스와 개발자가 웹 서비스를 사용하여 확장 가능하고 정교한 애플리케이션을 구축하도록 지원해줍니다. 전 세계적으로 분포한 데이터센터에서 200개의 기능과 서비스를 제공합니다. 세계적으로 가장 포괄적이고, 널리 사용되고 있는 클라우드 플랫폼입니다.

❝누구나 볼 수 있고, 비를 내려주는 구름처럼
클라우드 시스템의 발전은 지금도 계속되고 있습니다.❞

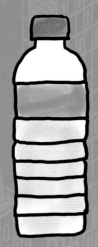

바다와 플라스틱

우주에서 바라본 지구는 아름답습니다. 70%를 뒤덮은 바다
가 끊임없이 펼쳐져 있습니다. 우리가 딛고 서 있는 육지는
마치 우유에 담긴 시리얼처럼 대양 위에 떠 있습니다. 드넓게 펼쳐진 모래사장 그리
고 아득하니 끝을 알 수 없는 수평선의 바다는 무한함을 줍니다. 지금 당장 배를 타고
푸른 바다를 항해하며 새로운 세계가 펼쳐질 듯한 상상력을 만들어주는 풍경입니다.

모든 생명의 근원인 '물'도 모여 있어야 그 존재가 만들어집니다. 물이란 수소와 산소
원자가 결합한 물질로 화학식은 H_2O입니다. 일산화이수소, 이것이 지구에 가득한 물
입니다. 하지만 분자 한 개의 H_2O는 너무 작아서 아무것도 할 수가 없습니다. 하지만
분자들이 모이면 어느 순간부터 축축해지기 시작하고, 만져지기 시작하다가 웅덩이
가 되고, 바다가 됩니다. H_2O라는 분자는 거대한 바다를 이루어 땅을 뒤덮어 어디든
지 갈 수 있는 푸른 땅덩어리가 되었습니다.

하지만 해양 생태계는 현재 큰 문제에 직면해 있습니다. 연간 1,200만 톤의 플라스
틱 쓰레기들이 바다로 유입된다는 것입니다. 2050년에는 바다에 물고기보다 플라
스틱이 더 많을 것이라는 통계까지 나오고 있습니다. 하와이와 캘리포니아주 사이에
는 한반도 크기의 7배에 달하는 거대한 쓰레기 섬이 형성되어 있다고 합니다. 바다에
서 녹아버린 미세 플라스틱은 바다를 떠돌고, 물고기 몸으로 거쳐 다시 우리의 식탁
으로 올라오고 있습니다. 인류의 부주의로 관리하지 못한 바다는 무한한 쓰레기장이
되어 우리를 공격하게 될지 모릅니다.

서버 관리

—

서버를 지켜내기 위한 이야기

서버와 바다

닻

인터넷을 '정보의 바다'라고 표현하는 것은 서버로 이루어진 온라인 세계에 수없이 많은 정보가 있음을 뜻합니다. 인터넷으로 전 세계를 연결하여 정보의 망망대해로 여행하는 데 있어 가장 필요한 개념이 '하이퍼텍스트'입니다. 하이퍼텍스트에서 중요한 태그는 HTML에서 사용하는 〈a〉입니다. 이 마법의 태그는 문서와 문서를 연결하고, 클릭 한 번으로 지구 반대편을 빛의 속도로 날아가 페이지를 열람할 수 있습니다. 여기서 'a'는 배가 출발하거나 정지할 때 가장 먼저 사용하는 도구인 'anchor'(닻)를 뜻합니다. '정보의 바다'라는 표현은 갑작스럽게 만들어진 것이 아닙니다. 바다처럼 모두가 사용할 수 있는 온라인에서의 가상의 무한한 공간이 있기에 가능한 것입니다.

오염된 바다

서버에 문제가 발생했습니다[429] (출처 youtube.com)

2020년 5월 15일 오전 유튜브를 실행하자 '서버에 문제가 발생했습니다 [429]'라는 메시지와 함께 낯선 화면이 나타납니다. 구글은 서버 과부하로 인한 오류 코드라고 해명했습니다. 천하의 구글도 완벽한 서버 관리는 쉽지 않은 것 같습니다. 그만큼 서버 관리는 매우 중요합니다. 잘 만든 사이트가 있어도 서버가 없다면 인터넷이라는 바다로 흘려보낼 수 없습니다. 인터넷을 바다에 비유한다면 서버는 물이라고 볼 수 있습니다. 연결되지 않은 서버는 그저 개인용 컴퓨터에 불과하지만 서버들이 모여서 연결되면 서로가 가진 정보를 통해 하이퍼링크를 제공하면 우리가 사용하는 인터넷이 됩니다. 전 세계의 약 900만 대 이상의 서버가 연결되어 있고, 우리는 이렇게 형성된 서버라는 바다를 날마다 항해할 수 있게 되었습니다. 그런데 플라스틱으로 더러워진 바다처럼 인터넷도 공격자들에 의해 오염이 시작되었습니다.

서버를 만드는 것만큼 중요한 것은 바로 안전하게 지키는 것입니다. 바다를 오염시키는 플라스틱 쓰레기가 있듯이 서버를 오염시키는 위협적인 문제가 있습니다. 아무리 좋은 땅에 멋진 전원주택을 지어도 관리하지 않으면 잡초가 자라나고 벌레가 들끓는 것처럼 서버도 관리해야 합니다. 수많은 위협 중 가장 위험하고 까다로운 것은 바로 '디도스DDoS' 공격과 컴퓨터가 뿜어내는 '온도'입니다.

디도스 공격

새로고침

첫 번째는 서버를 공격하는 사람, 즉 '해커'들의 공격입니다. 이들이 서버를 공격하는 방법 중 대표적인 것은 바로 디도스DDOS 공격입니다. 일명 새로고침 테러라고 합니다. 브라우저에서 F5를 누르면 페이지가 새로고침 기능을 실행합니다. 그럼 사용자 PC는 다시 사이트에 접속하게 되고, 서버는 다시 사용자에게 화면을 출력합니다. 그런데 수천만 명이 똑같은 페이지에 접속하여 F5 를 계속 누른다면 서버가 가진 한계에 도달하고 시스템 자원이 부족하여서 원래 목적대로 시스템을 사용할 수 없게 됩니다. 이러한 디도스 공격을 위해 해커들은 치밀한 방법으로 사이트에 접속해서 새로고침 기능을 실행합니다. 사용자의 컴퓨터를 감염시켜서 일명 좀비 PC로 만든 후에 이 컴퓨터들을 동시에 특정 사이트에 접속하여 서버를 공격합니다.

서버의 온도

온도계

두 번째 서버 공격은 '온도'입니다. 열은 서버를 공격하는 최대의 적입니다. 서버는 컴퓨터이므로 공간이 필요하고 어딘가에 위치해 있어야 합니다. 앞서 배운 IDC가 이를 관리하는 역할을 합니다. IDC는 지진에 견디도록 내진설계가 되어 있고, 정문에는 시큐리티 직원들이 접근을 통제합니다. 그리고 전문가들이 상주하여 고장이나 해커의 공격을 방어하고 있습니다. 마치 군사작전을 방불케 합니다. 하지만 서버가 위협받는 가장 큰 요인은 외부가 아닌 내부에 있습니다. 바로 '온도'입니다. 열은 컴퓨터가 기능을 다해 작동하고 있다는 정상적인 부산물입니다. 데이터센터는 엄청난 열기를 내

뽑는 장비들을 식히기 위해 냉각 장비를 사용합니다. 그것도 부족해서 페이스북은 북극과 가까운 스웨덴 루레아에 데이터센터를 설립할 정도로 열을 잡기 위한 노력이 대단합니다.

바다로 돌아간 서버 이야기

프로젝트 나틱 (출처 https://natick.azurewebsites.net/)

마이크로소프트는 2018년 스코틀랜드 오크니섬 인근 바다에 길이 12m, 지름 2.8m 크기의 흰색 원통 모양 구조물에 서버 864대를 바다에 던져버렸습니다. 육지로 올라왔던 서버가 다시 바다로 돌아가게 되었습니다. 데이터센터 운영에 전력 낭비를 방지하기 위해 차가운 바닷속에 서버를 넣어 자연 냉각으로 해저 데이터센터를 테스트하기 위한 연구입니다. 실험은 성공적이었습니다. 밀폐된 공간에서 안정적인 공기 흐름을 만들어내서 고장률은 오히려 육지의 데이터센터보다 ⅛ 수준으로 줄었고, 에어컨 미사용으로 에너지 효율을 높였습니다.

바다는 우리에게 필요한 모든 것을 제공합니다. 풍부한 음식, 자원 그리고 서핑보드까지 탈 수 있습니다. 우리는 환경오염으로부터 반드시 바다를 지켜야 합니다. 바다만큼 인터넷을 지켜야 하는 이유도 다양합니다. 인터넷도 우리에게 정보를 주고 재밌는 게임까지 할 수 있도록 해줍니다. 우리는 바다와 인터넷 모두를 지켜내야 합니다.

📝 알아두면 좋은 IT 용어

DNS Domain Name Service/Server

인터넷에 연결된 기기는 고유한 IP 주소가 할당되어 있습니다. 도메인 주소를 입력하고 접속하면 이름이 IP 주소로 변환됩니다. 만약 DNS가 없다면, 웹사이트에 방문할 때 IP 주소를 직접 외워서 접속해야 합니다. 다행히 우리는 DNS 서버를 통해 쉽게 도메인 이름으로 홈페이지에 접속할 수 있습니다.

66바다와 인터넷의 공통점은
누구에게나 풍족함으로 열려 있다는 것 아닐까요?99

복종하라

기괴한 얼굴에 '복종하라OBEY' 메시지가 담긴 스티커가 미국 캘리포니아에 뿌려지기 시작합니다. 이런 만행을 시작한 그 주인공은 바로 '셰퍼드 페어리Shepard Fairey'입니다. 그는 1989년 단순한 호기심이 생겨납니다. '끊임없이 반복된 하나의 이미지는 어떤 힘을 가질까?'라는 생각으로 그는 레슬러 '안드레 더 자이언트'의 얼굴을 스텐실 형식으로 스티커를 제작해 길거리 곳곳에 붙이기 시작했고, 그에 따른 효과는 놀라웠습니다. 처음에는 스케이트 보더들에게 유명해졌고, 점점 퍼져 지금은 전 세계로 확장되어 2001년에 오베이OBEY라는 브랜드로 탄생하게 됩니다.

이런 일을 왜 시작했을까요? 이 해프닝을 벌인 셰퍼드 페어리는 레슬러 얼굴을 스티커로 만든 이유를 "신문에서 우연히 본 안드레 자이언트 얼굴이 재밌어서 시작했다"라고 밝혔습니다. 스트리트 패션으로 유명한 오베이 브랜드의 시작은 그저 단순히 '재미'로 시작되었습니다. IT에서도 단순한 재미에서 시작하여 우리 일상에서 꼭 필요한 운영체제가 있습니다. 바로 리눅스입니다.

—

그냥 재미로 만든 그것

외할아버지의 유산, 코딩

코모도어 VIC20

"사랑하는 리누스야 키보드를 이렇게 누르면 코드가 입력된단다."

리누스 토르발스Linus Torvalds는 어릴 적부터 외할아버지 덕분에 코딩을 시작할 수 있었습니다. 헬싱키 대학 통계학과 교수였던 외할아버지는 전자계산기에 불만이 많았습니다. 외할아버지가 1981년에 '코모도어 VIC20' 컴퓨터를 서재에 들여놓으면서 리누스의 인생은 급격한 변화를 맞습니다. 핀란드는 9월부터 4월까지 8개월에 이르는 겨울을 보냅니다. 그렇기 때문에 집 안에서 할 수 있는 놀이를 찾아야 했고, 리눅스가 찾은 놀이는 바로 프로그 래밍이었습니다. 호기심 많은 10대 소년에게 코딩은 특별한 재미를 주는 놀이였습니다. 몇 년 후 외할아버지가 세상을 떠나면서 이 컴퓨터는 자연 스럽게 그의 것이 되었습니다.

고등학생이 된 리누스는 할아버지의 유산인 코모도어 컴퓨터보다 성능이 좋은 '싱클레어 Q' 컴퓨터를 구매하였습니다. 32비트에 멀티태스킹을 지원 하는 CPU가 장착된 컴퓨터였습니다. 이때부터 리누스는 폐인에 가까운 생 활을 하게 됩니다. 책상과 침대의 거리는 겨우 60cm정도로 일어나면 코딩 하고, 먹고, 자는 생활을 반복하게 됩니다. 리누스는 주로 상용 게임을 모 방해 어셈블리어로 유사 게임을 만들었습니다.

📝 알아두면 좋은 IT 용어

어셈블리어 assembly

어셈블리어는 기계어와 일대일 대응이 되는 컴퓨터 프로그래밍 저급 언어입니 다. 어셈블리어는 'CPU와 직접 대화 할 수 있는 언어'라고 표현할 수 있습니다.

재미로 만든 1만 행짜리 소스 코드, '리눅스'의 탄생

리누스 토발즈 (**출처** 위키백과)

대학 입학 후 리누스는 학자금과 용돈을 모아 386 컴퓨터를 구매하고 운영체제로 미닉스Minix를 설치합니다. 미닉스는 네덜란드 교수 앤드류 타넨바움이 개발해 교육용으로 활용되는 운영체제였습니다. 리누스는 불만스러웠던 터미널 에뮬레이션 부문을 독자적으로 개발할 것을 결심합니다. 이를 계기로 그는 미닉스를 참고하여 새로운 운영체제를 개발했고, 1991년 8월에 이를 자신이 활동하던 유즈넷의 뉴스 그룹 네트워크에 처음 공개했습니다. 리눅스의 역사가 시작된 순간이었습니다.

리누스 토발즈가 처음 공개한 0.01 버전 리눅스 커널은 약 1만 행 정도의 소스 코드로 구성되어 있었습니다. 하지만 흥미를 느낀 개발자들이 모여 이 프로젝트에 힘을 보태기 시작했고 1년 만에 0.96 버전이 탄생했고 소스 코드가 4만 행 정도로 늘어나게 되었습니다. 1994년 3월, 마침내 첫 번째 완성 버전인 리눅스 커널 1.0.0이 공개되었습니다. 리누스는 자신의 자서전에서 리눅스 개발 동기를 이렇게 밝힙니다. "Just for fun(그냥 재미로)."

배부른 펭귄

턱스

리눅스 마스코트는 바로 펭귄 '턱스Tux'입니다. 1996년 탄생한 리눅스 로고
는 리누스 토발즈 의견을 반영해 '래리 유잉'이라는 디자이너가 제작했다고
전해집니다. 리누스의 로고 요청사항은 "맛있는 청어를 배불리 먹고 트림을
하는 살찐 펭귄이어야 할 것, 배가 너무 불러서 일어나지 못하고 앉아 있는
사랑스러운 펭귄이어야 할 것"이었습니다. 리누스는 리눅스 소개를 위해 유
닉스 모임에 가던 중 작은 쇠푸른펭귄한테 물리게 되었고, 그 일로 인해 펭
귄을 좋아하게 되면서 리눅스의 로고로 떠올리게 되었다고 합니다.

📝 알아두면 좋은 IT 용어

유닉스UNIX

1970년대 초반 AT&T Bell 연구소에서 개발되었습니다. 무상으로 제공되었으
며 다양한 컴퓨터 기종에서 구현할 수 있었습니다. 다중 사용자, 다중 작업 기
능을 지원하는 대표적인 운영체제이며 명령어 방식의 인터페이스를 기본으로
합니다. 1980년대부터는 다양한 버전으로 개조되어 판매됐습니다.

일반인이 리눅스를 사용할 일이 있을까?

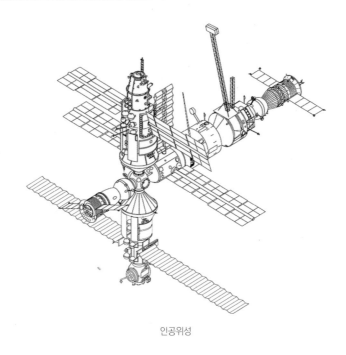

인공위성

일론 머스크의 스페이스X^{SpaceX}는 최초의 민간 유인 우주선을 발사한 민간 항공우주 기업입니다. 2020년 11월, 스페이스X는 우주비행사 4명을 태운 로켓을 국제우주정거장^{ISS. International Space Station}을 향해 쏘아 올렸습니다. 스페이스X의 Falcon 9는 리눅스 운영체제에 의해 구동됩니다. 그리고 국제우주 정거장의 존재하는 140대의 노트북 운영체제도 리눅스 기반 데비안 시스템^{Debian 6}입니다. 지구 주위를 떠도는 인공위성도 리눅스를 사용 중입니다.

우주에 있는 리눅스라면 와닿지 않을 수 있습니다. 그렇다면 주머니에서 스마트폰을 꺼내봅니다. 안드로이드는 리눅스 커널 기반으로 만든 스마트 폰 속 운영체제입니다. 물론 화면의 구성요소를 표시하는 프로그램은 차이 가 있지만 안드로이드는 리눅스의 밑바탕을 둔 모바일 환경입니다. 리눅스는 이미 일상생활에 저 깊숙하게 들어와 있습니다. 그것도 바로 손 위에서 말이죠.

리눅스를 사용하는 이유

백엔드 시스템 운영체제의 대부분은 리눅스입니다. 그렇다고 백엔드 개발자가 되고 싶다면 무조건 검은 화면에 명령어만 입력해야 하는 리눅스를 먼저 배워야 할까요? 다행히 그건 아닙니다. 백엔드가 실행되는 서버의 운영체제가 리눅스라고 할지라도 개발자 PC가 리눅스일 필요는 없습니다. 윈도, 맥에서 개발을 진행하고 리눅스에서 배포하면 됩니다.

이 글을 읽고 리누스 토발즈가 만든 리눅스를 체험하고 싶어서 개인 컴퓨터에 리눅스를 설치해서 데스크톱 운영체제로 사용할 수도 있지만 권장하는 방법은 아닙니다. 익숙한 운영체제에 환경에서 개발하고 서버 작업을 위해서 리눅스에 접속해 원하는 명령어를 입력할 수 있다면 충분합니다. 물론 서버 운영을 하는 엔지니어라면 더 자세히 알아야 할 것입니다.

인류 역사상 최대의 공조 프로젝트

리누스 토발즈라는 한 사람의 힘으로 컴퓨터 운영체제를 위한 코드가 만들어졌습니다. 리누스는 그 코드를 공개하여 다른 개발자들에게 자신이 만든 리눅스 코드 개선에 참여해줄 것을 요청했습니다. 리누스 토발즈는 리눅스를 만든 위대한 개발자라는 것과 오픈소스 소프트웨어 운동의 핵심 인물로 떠올랐습니다. 리눅스는 지금도 끊임없이 수많은 개발자들의 손을 거쳐가며 발전하는 인류 역사상 최대의 '공조 프로젝트'가 되었습니다.

운영체제 Operating System

운영체제는 사용자가 컴퓨터를 사용하기 위해 필요한 소프트웨어입니다. 우리가 일반적으로 컴퓨터를 사용하면서 실행한 프로그램들은 모두 운영체제에서 관리하고 제어됩니다. 운영체제는 컴퓨터 사용자와 하드웨어 간의 인터페이스로서 동작하는 시스템 소프트웨어의 일종으로, 다른 응용프로그램이 작업을 할 수 있도록 환경을 제공해줍니다.

❝ 그저 재미로 시작한 코딩 한 줄은
지금도 발전하고 있습니다. ❞

PART
04

데이터베이스 이야기

쓸모없는 쓰레기를 다시 사용할 수 있을까?

온갖 쓰다만 물건들이 넘쳐나는 쓰레기장이 있습니다. 찌그러진 캔, 깨진 플라스틱, 음식을 담았던 종이, 일회용 컵, 형형색색 유리병들이 뒤엉켜 있습니다. 쓰레기라는 말은 불필요하거나 못 쓰게 된 것들, 내다 버릴 물건을 의미합니다. 쓰레기장에는 쓸 모없는 것들이 모입니다.

인간이 버린 쓰레기는 장소를 불문하지 않습니다. 지구에서 가장 높은 산, 에베레스트에는 산악인들이 쓰고 버린 쓰레기와 등반가의 주검이 12t이나 된다고 합니다. 그 뿐만이 아니라 우주인들이 달에 남긴 쓰레기가 대략 187t이라고 합니다. 이렇게 많은 쓰레기들을 어떻게 정리해야 할까요?

데이터베이스

—

디지털 쓰레기를 정리하면 OO 된다?

재활용 센터

재활용 마크

이제 쓰레기장 물건들을 정리해보겠습니다. 가장 기본이 되는 종류는 병, 종이, 플라스틱입니다. 쓰레기를 종류별로 나누어서 한곳에 모아 두면 재활용을 하기 위한 과정이 모두 끝났습니다. 재활용 센터로 보내진 쓰레기는 다시 순환하여 필요한 곳에서 사용됩니다. 아무 쓸모가 없어 보이던 쓰레기장은 정리, 정돈함으로써 '재활용 센터'가 되었고, 묻히거나 태워질 물건들을 다시 활용 가능한 소중한 자원으로 만들어냈습니다. 무의미했던 것들을 다시 유의미하게 만들 수 있던 이유는 단지 '정리'를 했기 때문입니다.

데이터베이스 정리, 정돈

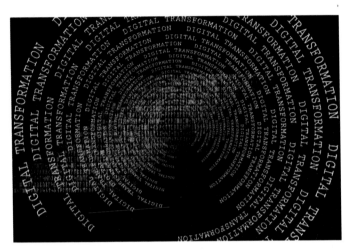

디지털 조각들

하루 동안 지구에서 버려지는 쓰레기는 온라인에서도 만만치 않게 발생됩니다. 수많은 디지털 휴지 조각이 온라인에서 쏟아지고 있습니다. 전 세계에서 하루에 생성되는 데이터양은 약 1엑사바이트exabyte입니다. 익숙한 기가바이트gigabyte로 변환하면 약 1,000,000,000GB입니다. 이를 DVD로 저장한다면 약 2억 5,000만 장이 필요로 합니다. 하지만 이 거대한 자료들도 쌓아두기만 하면 그저 쓰레기에 불과합니다. 즉, 가공되지 않은 데이터는 휴지통에 가득한 쓰레기일 뿐입니다. 그렇기 때문에 '정리'가 필요합니다.

쓸모 있는 물건이 되기 위해서는 플라스틱, 병, 캔처럼 종류와 쓰임새에 따라 정리를 해야 합니다. 디지털 데이터도 마찬가지입니다. 회원정보 데이터, 구매내역 데이터, 장바구니 데이터, 게시판 내역 데이터처럼 종류와 쓰임새에 따라 차곡차곡 쌓아둡니다. 정리, 정돈을 해두어야 필요할 때 언제든지 꺼내 쓸 수 있습니다. 이렇게 관련 있는 데이터를 구조화하여 모아둔 장소가 바로 '데이터베이스'입니다.

데이터베이스의 수납

옷장

수납을 잘하기 위해서는 공간을 공유하는 사람과 의견을 나누고 계획을 세워야 합니다. 수납의 목적은 물건을 쉽게 찾아 사용하기 편한 환경을 만들기 위해서입니다. 자주 사용하는 물건이 무엇인지 의견을 모아서 우선순위가 높은 물건은 꺼내기 쉬운 공간에 배치합니다. 그렇지 않는 물건은 그와 반대되는 공간에 둡니다. 수저를 예로 들면 가족용과 손님용으로 구분할 수 있습니다. 자주 사용하는 가족용은 잘 보이는 곳에 두어 바로 쓸 수 있게 하고, 자주 쓰지 않는 손님용은 먼지가 쌓이지 않도록 서랍 속에 보관하면 좋습니다.

데이터베이스에서의 데이터 수납 역시 마찬가지입니다. 자주 사용하는 데이터를 쓰기 편한 상태로 만드는 것이 중요합니다. 수만 명의 회원 데이터가 있다고 가정합시다. 여기서 가장 중요한 정보는 '회원 아이디'로 데이터베이스에서는 회원 아이디를 숫자로 된 고유 값으로 관리합니다. 고유 값으로 특정 회원이 무엇을 구매했는지, 어떤 행동을 했는지, 무슨 글을 썼는지 알 수 있습니다. 고유 값은 가장 자주 사용하는 데이터로 이처럼 자주 사용하는 데이터는 인덱스라는 공간에 수납하여 쉽게 꺼내 쓸 수 있도록 정리 스킬을 발휘하여 차곡차곡 모아두어야 합니다.

정리, 정돈의 힘

정리, 정돈을 하면 복잡한 머릿속이 깨끗하게 정리되고 물건을 찾기 위한 시간낭비가 사라집니다. 수많은 자기계발서에서는 자신의 주변 물건을 정리하라고 권유하곤 합니다. 세상에서 가장 데이터베이스 방 청소를 가장 잘하는 회사는 아마 구글일 것입니다. 구글은 전 세계에 엄청난 양의 데이터를 1초도 안 돼서 찾아줍니다. 아마도 그 어떤 사람들보다 정리, 정돈을 잘했기 때문에 가능한 기술이 아닐까 생각합니다. 구글의 꼼꼼한 정리, 정돈 능력 덕분에 우리는 언제든지 필요한 정보를 바로 꺼내 쓸 수 있는 수납장을 사용하고 있습니다.

정리, 정돈의 힘은 대단합니다. 주변에 어질러져 있는 물건들을 정리해보고 정돈됨을 느껴보세요. 그것이 바로 데이터베이스가 디지털 데이터를 다루는 방식입니다.

66 디지털 쓰레기의 재활용 센터는 데이터베이스입니다. 99

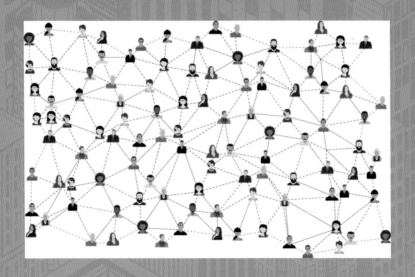

공존지수, NQ^{Network Quotient}

사람과 사람 사이에는 보이지 않는 끈으로 이어져 있습니다. 이렇게 이어진 관계를 친구라고 부르거나 인맥이라고 합니다. 인간은 서로 도움을 주고받지 않으면 살 수 없는 존재이기도 합니다. 이처럼 우리는 사람 사이의 관계가 중요한 시대에 살고 있습니다. 공존지수는 인터넷 발달과 함께 탄생한 신조어입니다. 디지털은 사람과 사람 사이를 더 넓고 포괄적으로 이어줍니다. 버튼 한 번이면 지구 반대편에 있는 사람과 친구가 될 수도 있고, 유명 인사들에게 개인 메시지를 받을 수 있습니다. 그렇게 현대 사회는 'IQ', 'EQ'처럼 얼마나 많은 사람과 관계를 잘 운영하는 능력을 'NQ' 지수를 통해 표현하기도 합니다. NQ는 세상이 정보화 사회로 바뀌면서 지식을 공유하고 사람과 소통하는 능력을 나타냅니다. 공존지수가 높을수록 사회에서 다른 사람과 소통하기 쉽고, 그 바탕을 자원 삼아 더욱 성공적인 사람을 살 수 있게 도와줍니다. 이러한 원리가 인간 사회에만 존재하는 게 아닙니다. 디지털 세상에서도 NQ 지수는 중요합니다. 데이터도 친구의 친구가 많을수록, 인맥이 넓을수록 더 강력한 데이터 그룹이 됩니다. 팔로워 수가 많을수록 인플루언서가 되는 것처럼 데이터도 팔로워 수가 많은 데이터베이스는 가치가 큰 빅데이터가 됩니다. 그렇게 친구의 친구를 만들어 내는 데이터베이스를 '관계형 데이터베이스'라고 합니다.

관계형 데이터베이스

데이터들의 일촌

관계형 데이터베이스

데이터베이스 제품들

관계형 데이터베이스RDB, Relational DataBase는 데이터베이스의 한 종류이며, 실무에서 가장 많이 사용되는 방식입니다. 가장 대표적인 제품으로는 MS-SQL, MySQL, MariaDB, Oracle 등이 있습니다. 이들은 모두 인맥으로 데이터를 관리하는 대표적인 인플루언서들입니다. 테이블은 모임으로, 데이터들은 그 모임 안에 있는 사람으로 표현할 수 있습니다. 공존지수가 높은 한 명은 모임과 모임을 연결하여 사람들 간에 새로운 관계를 만들어주고 교류할 수 있도록 해줍니다. 이것이 바로 RDB가 데이터를 활용하는 방법입니다. 관계형 데이터베이스는 최대한 많은 데이터들을 관리합니다.

그 관리하는 기법은 인맥관리입니다. 친구의 친구를 연결하여 필요할 때마다 도움을 요청하는 방식입니다. 그렇게 연결된 데이터들은 커다란 공존을 이루게 되고 이를 통하여 우리가 필요한 서비스를 실행할 수 있게 됩니다. 그렇다면 RDB를 이루는 기본적인 것이 무엇인지 알아보겠습니다.

테이블, 키, 값

레알마드리드 (**출처** www.realmadrid.com)

테이블table은 데이터를 직관적이고 간단하게 표현합니다. 데이터의 구성은 키key와 값value으로 되어있고, 이를 통해 데이터의 종속성을 관계relationship로 표현하는 것이 관계형 데이터베이스의 특징입니다. 예를 들어 축구 동호회를 가입해보겠습니다. 이때 축구 동호회는 테이블 역할을 합니다. 테이블은 같은 종류의 구조적인 데이터들이 묶인 목록입니다. 동호회에 가입한 회원은 테이블을 이루는 데이터가 되고 팀 이름은 테이블 이름이 됩니다. 다시 비유해보자면 스페인 축구 리그 '라리가'는 데이터베이스가 되고, 라리가 내 팀들은 테이블이 됩니다. 그리고 그 팀에 소속된 선수들은 데이터가 된다고 생각하면 쉽게 이해할 수 있습니다.

고유 값

유니폼에 새겨진 등 번호

관계형 데이터베이스는 각 행을 가리키는 '고유 값'이 포함되어 있습니다. 고유 값은 데이터를 대표한 값입니다. 축구 경기를 할 때 두 팀을 시각적으로 구분하는 기준은 유니폼입니다. 유니폼은 테이블의 차이를 표현하는 것이라고 할 수 있습니다. 그리고 각 선수에게는 고유한 번호가 있습니다. 선수들은 유니폼에 본인의 등 번호를 달고 그라운드를 누빕니다. 등 번호의 역할은 중요합니다. 선수가 골을 기록하고, 거친 태클로 반칙을 할 경우 심판은 옐로 카드에 기록하여 데이터를 관리합니다. 이러한 등번호 같은 고유 값을 PK^{Primary Key}(기본 키)라고 하며, 이를 통해 서로 종속되는 관계를 표현합니다.

데이터의 관계

함께 공부하는 반 친구들

각 테이블의 고유한 값은 또 다른 고유한 값을 참조하여 서로 다른 두 테이블을 연결합니다. 한 명의 친구는 여러 명의 친구일 수도 있고, 여러 명의 친구가 한 명의 친구일 수도 있습니다. 그리고 여러 명의 친구는 여러 명과 친구가 될 수도 있습니다. 복잡한 인간관계처럼 RDB 데이터도 다양한 친구 관계 방식이 있습니다. 다양한 관계 방식을 수업시간으로 비유해보겠습니다.

일대일 관계

학생이 일대일 과외를 한다면 선생님과 학생의 관계는 일대일(1:1)이 됩니다. 하나의 데이터와 또 다른 하나의 데이터만 연결될 수 있는 관계가 바로 일대일 관계입니다. 선생님과 제자뿐이기 때문에 돌발상황이 많이 발생하지 않습니다. RDB에서도 테이블과 테이블이 일대일 관계로 연결되어 있다면 이는 아주 간단한 데이터 관계에 쓰입니다.

일대다 관계

이번에는 교실에서 선생님 1명이 학생 10명을 데리고 수업을 합니다. 이때 선생님과 학생의 관계는 일대다(1:M)입니다. 하나의 데이터가 여러 데이터와 매핑되고, 하나의 데이터는 여러 데이터들에 영향을 줍니다. 예를 들면 선생님이 1+1을 3이라고 지도한다면 학생들은 오답 그대로 인식하게 됩니다. 일대다 관계는 한 방향으로 영향력을 행사하고, 하나의 데이터가 다수의 데이터를 가진다는 특징이 있습니다.

다대다 관계

이번에는 선생님 10명, 학생 10명의 공개수업입니다. 각자 맡은 과목에 따라 한 교실에서 선생님들이 돌아가면서 학생들을 지도합니다. 이러한 데이터 관계 방식을 다대다(N:M)라고 합니다. 양쪽으로 바라보고 있는 방식으로, 테이블과 데이터가 얽혀 있는 관계입니다. 매우 복잡해서 다루기 힘들지만 더 다양한 데이터 형식을 나타낼 수 있습니다.

공존

삶을 살아가는 데 있어서 인맥은 필요한 능력입니다. 특히 디지털 세상에서는 더욱 그렇습니다. 수많은 정보 중에 우리가 찾는 결과는 단 한 줄입니다. 세상을 살면서 정말로 필요한 한 사람을 만나는 것도 의미 있지 않을까요?

66 관계형 데이터베이스가 만드는
정보의 바닷속에서 필요한 데이터는 단 한 줄입니다. 99

맛있는 커리 만들기

이번 시간에는 맛있는 커리를 만드는 방법을 알아보겠습니다. 우선 감자, 양파, 당근, 돼지고기, 식용유, 우유, 강황 가루를 준비합니다. 개인 기호에 따라 재료는 충분히 변경할 수 있습니다. 준비된 재료를 흐르는 물에 씻은 후 깍둑썰기를 합니다. 이제 기름을 두른 팬에 양파를 볶습니다. 양파 기름이 새어 나오면, 돼지고기를 넣고 함께 볶습니다. 후추를 살짝 뿌려주면 잡내를 잡을 수 있습니다. 그다음 물을 넣고 끓여줍니다. 이제 마법의 강황 가루를 넣고, 잘 저어주면 맛있는 커리가 완성됩니다. 다른 맛의 커리도 조리 과정은 동일합니다. 다만 재료가 달라지면 맛과 이름은 변합니다. 버터와 토마토를 넣으면 마크니makhani 커리, 매운 고추와 칠리 페이스트를 넣으면 빈달루vindaloo 커리, 감자와 완두콩을 넣어서 만들면 알루aloo 커리가 됩니다. 개인적으로 좋아하는 재료인 시금치와 치즈를 넣으면 채식주의자도 즐길 수 있는 담백하고 풍미 가득한 팔락 파니르palak paneer가 됩니다. 강황 가루에 무엇을 넣고 만드냐에 따라 다양한 종류의 커리가 탄생합니다. 이렇게 맛있는 커리를 만드는 방법은 데이터베이스가 데이터를 쿼리Query 문을 이용해서 결과를 만드는 방법과 유사합니다. 개발자는 요리사가 요리하듯이 쿼리문을 작성해 사용자의 입맛에 딱 맞는 데이터라는 요리를 만들어줍니다.

쿼리로 만드는 데이터 요리 방법

데이터베이스를 요리하는 SQL

SQL

사용자가 쇼핑몰에 접속해 '청바지'라는 검색어를 입력하면 쇼핑몰에서 가지고 있는 청바지 정보가 노출됩니다. 검색 옵션에서 색상은 검은색, 스타일은 스키니로 설정하여 다시 정보를 요청하면 이전보다 간략한 데이터들이 나타납니다. 마지막으로 가격대를 설정하고, 선호하는 브랜드까지 선택합니다. 수백 개로 나왔던 정보들이 이제는 몇 가지 정보로 추려졌습니다. 그렇게 오늘도 쇼핑몰은 쿼리로 손님 입맛에 맞는 정보를 요리하였습니다. 그것이 바로 SQL 요리사가 하는 일입니다.

SQL Structured Query Language은 관계형 데이터베이스 시스템에서 자료를 처리하고, 데이터 관리를 위해 설계된 특수 목적의 프로그래밍 언어입니다. 이때 데이터베이스의 정보 요청 방식이 바로 쿼리입니다. 클라이언트가 주문을 합니다. 지금 어떤 정보를 보고 싶은지를 확인하면 요리사가 요리를 만들어내듯이 시스템은 사용자가 원하는 정보의 집합을 보여줘야 합니다. 그때 쿼리가 사용자에게 필요한 정보를 가져오는 역할을 합니다. 이렇게 데이터베이스를 다루고 명령을 내려서 원하는 업무를 하기 위해서 만들어진 언어가 바로 SQL입니다.

맛있는 요리를 만드는 쿼리

앞서 커리 요리를 만드는 방법을 배웠습니다. 이번에는 SQL에서 데이터를 요리하는 방법을 배워보겠습니다. 사용자 입맛에 맞게 데이터를 요리하는 방법을 쿼리라고 합니다. 쿼리는 '질문을 하다'라는 뜻입니다. 질문은 답을 달라고 하는 일종의 요청입니다. 쿼리는 데이터베이스에서 질문에 대한 답을 서버에 요청하는 방식입니다. 식당에서 언제든 요리를 만들 수 있도록 재료 준비를 하는 것처럼 데이터베이스에서도 데이터를 차곡차곡 쌓아두고 언제든지 데이터를 제공할 준비를 합니다. 데이터를 사용하지 못하고 계속 쌓아만 두면 우리는 여전히 서류더미에서 필요한 정보를 찾아야 했을 것입니다. 하지만 데이터베이스 덕분에 쌓여 있는 데이터 속에서 원하는 정보를 찾을 수 있게 되었습니다. 이때 데이터베이스에서 필요한 정보를 찾는 방식이 바로 쿼리입니다.

쿼리로 만드는 데이터 요리 방법

요리 도구

데이터베이스에서 SQL문을 가지고 본격적으로 맛있는 요리를 만들 차례입니다. 음식을 만들기 위해서는 조리기구와 재료, 그리고 주방장의 요리 실력이 필요로 합니다. 이번 시간에는 주방에서 주방장이 데이터를 가지고 맛있는 요리를 만드는 과정을 살펴봅니다.

데이터 정의어

데이터 정의어Data Definition Language는 쿼리로 만들 수 있는 대표적인 요리 방법 중 하나로, 데이터 생성, 수정, 삭제 등 데이터 전체 골격을 결정해서 모양을 갖춥니다. 데이터베이스를 정의한다는 것은 데이터베이스 설계를 한다는 것과 같습니다. 이 과정을 통해 어떤 요리를 할지 결정하고, 재료를 준비합니다. 그러기 위해서는 재료를 보관할 수 있는 냉장고가 필요합니다. 데이터 정의어를 냉장고를 구매하는 과정을 비유해서 설명해보겠습니다.

▶ CREATE

CREATE는 테이블을 생성합니다. 생성된 테이블은 관련 데이터를 수집합니다. 데이터 정의어를 주방에 비유한다면 이 과정은 냉장고를 구매하는 것입니다. 냉장고가 있어야 재료들을 보관할 수 있습니다. 큰 음식점일수록 주방에는 종류별로 냉장고가 있습니다. 이처럼 테이블을 만드는 과정은 가장 기본적이고 필수적인 과정입니다.

▶ ALTER

ALTER는 테이블이 잘못 생성되거나 수정한 경우 이 명령어를 통해 변경합니다. 냉장고를 잘못 구매했다면 교환하거나 반품하여 다시 새 제품을 구매해야 합니다. 실제로 냉장고를 바꾸는 일은 번거로운 일이지만, 데이터베이스에서는 쉽게 테이블을 수정할 수 있습니다.

▶ DROP

DROP은 테이블을 삭제하는 명령어입니다. 이 명령어는 테이블을 다시는 쓰지 않겠다는 행위입니다. DROP은 오래되고 낡은 냉장고를 처분하는 과정입니다.

▶TRUNCATE

TRUNCATE는 테이블을 초기화시키는 역할을 합니다. 냉장고 안 내용물을 모두 다 버리고 방치된 재료들까지 정리하면 다시 새롭게 사용이 가능합니다.

데이터 조작어

두 번째 요리 방법은 바로 데이터 조작어^{Data Manipulation Language}입니다. 이는 직접적으로 요리를 하는 방법, 즉 레시피^{recipe}가 됩니다. 데이터베이스의 데이터를 조회하고, 입력하고, 수정하고, 삭제합니다. 이 방법을 통해 시스템에 맞는 데이터들만 모아서 사용할 수 있게 하고, 사용자에게 알맞은 데이터를 보여줄 수 있습니다.

▶ SELECT

SELECT는 원하는 데이터를 추출하는 명령어입니다. SELECT는 요리에 비유하면 알맞은 재료를 고르는 단계입니다. 만약 치킨 커리를 요리하고 싶다면 냉장고에서 '닭고기', '버터', '크림', '토마토 소스'를 꺼내듯이 직접적으로 재료를 선택하는 과정입니다. SELECT는 가장 많이 사용되는 조작어이며, 데이터베이스에게 필요한 정보를 '조회'하는 명령어입니다.

▶ INSERT

INSERT는 새로운 데이터를 추가하는 명령어입니다. 요리에 필요한 재료를 구매하고, 냉장고에 차곡차곡 쌓아두는 단계입니다. INSERT는 데이터베이스에 데이터를 입력하는 역할을 합니다.

▶UPDATE

UPDATE는 데이터를 수정하는 명령어입니다. 냉장고 안에 재료들의 유통기한을 확인해서 오래된 재료는 버리고 새로운 재료를 냉장고 안에 넣어둡니다. 이런 과정은 데이터베이스에서도 동일하며 UPDATE는 이미 존재하는 데이터를 수정하는 역할을 합니다.

▶ DELETE

DELETE는 데이터를 삭제하는 명령어입니다. 냉장고 안에 더 이상 사용하지 않을 재료는 과감히 쓰레기통에 버려야 합니다. 그래야 냉장고에 냄새도 안나고, 더 신선한 재료를 들여올 수 있습니다. 데이터베이스에도 삭제라는 기능이 존재합니다. 필요 없거나 잘못된 데이터는 삭제하기도 합니다. 하지만 한번 버려진 데이터는 음식 재료처럼 더이상 재사용이 불가능하니 신중히 선택해야 합니다.

수천만 줄의 데이터가 있습니다. 냄비를 준비해서 필요한 데이터를 한 줌 넣고 불필요한 데이터는 비웁니다. 그리고 저어줍니다. 요리가 완성되면 이제 사용자는 준비된 데이터를 맛보면 됩니다.

66 그렇게 개발자는
오늘도 당신을 위한 요리를 만듭니다. 99

서점에서 헤매지 않는 방법

오늘 동네 서점에서 구매할 책은 '오라클 SQL'입니다. 서점 입구를 들어가면 수십만 권의 책들이 빼곡히 진열되어 있지만 원하는 책을 사기엔 오랜 시간이 걸리지 않습니다. 서점에는 책이 종류별로 잘 분류되어 있기 때문입니다. 제일 먼저 찾아야 할 부분은 '분류'입니다. 컴퓨터 분류 기호는 'I'입니다. 해당 분류에 맞게 이동했다면 그다음은 구역을 찾아야 합니다. '12번'은 데이터베이스를 모아둔 분류 안의 구역입니다. 구역에 도착한 뒤 서가를 살펴봅니다. 책꽂이를 찾으면 책 제목이 '가나다' 순으로 정렬되어 있습니다. 많은 책 사이에서 단 5분 만에 원하는 책을 찾았습니다. 이는 방대한 데이터베이스가 특정 데이터를 찾는 방법인 '인덱스index' 방식과 동일합니다.

인덱스

—

책을 한번에 찾는 방법

목차와 인덱스

두꺼운 책

색인이라고도 하는 인덱스는 이미 책에서 사용하고 있습니다. 두꺼운 3,000쪽 이상의 영어사전에서 단어를 찾는 시간은 생각보다 오래 걸리지 않습니다. 그 비법은 '인덱스'입니다. 만약 'code'를 찾는다면 알파벳 순서대로, 'c'를 먼저 찾고 순서대로 'o', 'd', 'e'를 찾으면 됩니다. 인덱스는 글을 유기적으로 연결하여 한눈에 그 구조를 파악할 수 있게 도와주는 역할을 합니다.

만약에 영어사전에서 인덱스가 없다면 어떤 일이 일어날까요? 단어 하나를 찾기 위해 처음부터 끝까지 한 장씩 넘겨가며 모든 글자를 살펴봐야 하는 비효율적인 일을 하게 됐을 것입니다. 순서 없이 써놓은 일기장을 뒤적거리면서 떠오르지 않는 생각을 찾는 답답함과 다를 게 없을 것입니다.

인덱스를 사용하지 않으면

정리되지 않은 옷들

인덱스 사용하지 않으면 수북이 쌓인 옷더미 속에서 마음에 드는 디자인과 사이즈를 찾는 것처럼 일일이 데이터베이스에서 데이터를 찾아야 합니다. 옷이라는 분류만 있을 뿐 상세하게 정렬되지 않은 이 방식은 혼란스럽고 효과적이지 않습니다. 쓰레기를 정리하면 재활용 센터가 되는 것처럼 쏟아지는 디지털 데이터를 정리하면 데이터베이스가 된다는 것을 이제 알고 있습니다.

그런데 정리, 정돈 이외에 해야 할 작업이 하나 더 있습니다. 바로 '정렬'을 하는 것입니다. 데이터가 많지 않을 때는 단순히 종류별로 모아두고 필요할 때마다 찾아서 사용해도 큰 문제는 없습니다. 어질러진 좁은 방 안에서

양말을 찾는 거라면 조금만 뒤적거려도 금세 찾을 수 있습니다. 하지만 그 방의 크기가 아마존만큼 거대해진다면 문제가 발생합니다. 운이 좋으면 바로 찾을 수도 있겠지만, 운이 나쁘면 양말을 찾으러 다니는 시간이 몇 달이 걸릴지 모릅니다. 이렇게 인덱스 없이 모든 데이터를 탐색하는 풀스캔_{full scan}은 시간과 자원을 낭비하게 됩니다.

인덱스가 필요하지 않을 때

데이터베이스도 아주 작은 수준이라면 인덱스를 사용하지 않는 것이 유리합니다. 우선 인덱스를 생성하면 약 10%의 저장공간이 발생합니다. 인덱스로 데이터를 따로 저장해야 하고 인덱스를 올바른 방법으로 사용하지 않을 경우엔 오히려 성능 저하가 발생할 수 있습니다. 그렇기 때문에 규모가 아주 작은 데이터베이스는 인덱스를 사용하지 않아도 충분합니다. 시골에 있는 자그마한 구멍가게처럼 말이죠.

구멍가게는 단골 동네 주민들이 애용하는 쉼터입니다. 어린아이부터 어르신들까지 가게 앞 평상에 앉아 잠깐 쉬어갑니다. 이 작은 가게는 택배 대행, 은행, 술집, 놀이터의 역할을 해냅니다. 이를테면 동네 주민들이 애용하는 사랑방인 셈입니다. 마을과 바깥 세계를 이어주는 연결점이자 역사와 추억이 담긴 곳입니다. 손님은 주인이 없더라도 직접 물건을 사고 계산대에 돈을 올려두고 가기도 합니다. 오래된 구멍가게에는 물건을 따로 정리하지 않아도 손님들은 어디에 무엇이 놓여 있는지 압니다.

구멍가게를 대형마트처럼 상세하게 정렬해서 인덱스 관리한다면 오히려 손해일 것입니다. 사람들은 예전부터 물건들의 위치를 감으로 찾았기 때문에 물건들이 가나다 순으로 정렬되어 있다고 해도 속도 차이는 별반 없을 것입니다. 오히려 잘못된 인덱스 사용은 역효과가 발생할 수 있습니다. 이렇게 인덱스가 필요하지 않을 때도 있습니다.

인덱스가 필요 없던 시절

모바일 메신저에서 소비되는 하루에 대화 건수는 약 110억 건이라고 합니다. 그 많은 대화 풍선 속에서도 내가 현재 집중하고 있는 메시지는 인덱스 기술을 통해 몇 초 만에 보내고 받고 있습니다.

📝 알아두면 좋은 IT 용어

AS-IS / TO-BE
AS-IS는 개선되기 이전의 상태, 현재 있는 그대로를 의미합니다. '현재의 업무 프로세스에 대한 분석'을 뜻합니다. TO-BE는 개선된 후의 상태, 미래의 의미를 가지고 있으며 '미래에 개선될 프로세스에 대한 분석'을 뜻합니다.

❝ 인덱스는 빅데이터 시대에 없어서는 안 될
꼭 필요한 기술입니다. 하지만 가끔은
인덱스가 없어도 진실한 한두 마디로 위로가 되던
그 시절 그때가 그립습니다. ❞

매트릭스 속 예언자, 오라클

영화 <매트릭스>에서는 기계가 만든 가상세계에 아키텍트 Architect와 오라클 Oracle이라는 두 핵심 요소가 등장합니다. 매트릭스의 공동 창조주이자 관리자인 아키텍트는 시스템에 사람을 가두고 그 안에 순응하며 살게 만듭니다. 하지만 완벽해 보이는 구조 속에서 인간은 이상함을 느끼게 되고, 결국 매트릭스는 실패하게 됩니다. 그래서 아키텍처는 오라클이라는 존재를 창조합니다. 여기서 '오라클'은 매트릭스 세계가 이상하다고 느끼는 사람들에게 신탁과 같은 예언을 합니다. 매트릭스에서 일어날 일들을 모두 알 수 있는 존재이며, 주인공이 진정한 힘에 눈뜰 수 있도록 인도합니다.

오라클 데이터베이스

—

데이터로 예언이 가능할까?

오라클 데이터베이스

라젠 크리슈나 (**출처** www.oracle.com/sa/openworld/featured-speakers.html)

영화 속 '오라클'은 세계적인 데이터베이스 회사와 같은 이름을 가진 오라클에 빗대어 볼 수 있습니다. 기업용 DB 절반 이상을 독점하고 있는 제품이 바로 오라클 데이터베이스입니다. 모든 것을 알고 있고 예측 가능한 영화 속 '오라클'의 존재가 마치 이 데이터베이스가 아닐까 생각합니다. 오라클 애플리케이션 제품 개발 그룹 부사장, 라젠 크리슈나Rajen Krishnan는 한 세미나에서 방대한 데이터를 가진 AI는 언젠가 예언까지 할 수 있을 것이라고 말했습니다. 라젠 크리슈나의 말대로 영화 속 '오라클'이라는 가상의 존재는 현재 오라클에 의해 점차 현실이 되어가고 있습니다.

오라클 데이터베이스의 역사

래리 엘리슨

작은 컨설팅 회사를 운영하던 래리 엘리슨Larry Ellison, 봅 마이너Bob Miner, 에드 오츠Ed Oates는 1976년 11월 IBM이 「Journal of Research and Development」에 발행한 기사를 보고 자극을 받습니다. 그리고 최초로 상용화된 "관계형 데이터베이스 관리 시스템"을 개발하고, 판매할 수 있는 회사를 설립하자는 데 의견을 함께 합니다. 3인의 창업주는 C 언어를 이용해 최초 상용화 RDBMS를 개발하기 시작합니다. 최초 버전은 프로토타입으로 판매되지 않았고, 버전 2는 미니컴퓨터에 공급되었습니다. 그리고 버전 3에서는 전체를 다시 만들어내고 이때 회사 이름을 오라클Oracle Corporation로 변경합니다. 1984년도 데이터 일관성과 트랜잭션을 지원하는 버전 4가 출시되면서 판매량이 급증합니다. 이때부터 오라클은 데이터베이스를 지배하게 되었습니다.

오라클의 최고 경영자, 래리 엘리슨은 실리콘 밸리의 사치스러운 악동으로 알려져 있습니다. 세계 10위 부자 순위에 들 만큼 엄청난 부자이며, 영화 〈아이언맨 2〉에서 오라클 CEO 역을 맡아 깜짝 출연하기도 합니다. 엘리슨은 실리콘밸리의 산증인으로 불리기도 합니다. 1977년 캘리포니아 산타클라라에서 회사를 차린 후에도 오라클을 성장시켜왔습니다. 1977년부터 2014년까지 37년간 최고경영자로 몸담았고, 지금도 회장 및 CTO로 회사 경영에 손을 떼지 않는 부지런한 인물입니다. 엘리슨의 삶은 오라클 그 자체입니다. 오라클 주식이 폭락할 때도 '나와 오라클은 하나다. 몸의 일부를 잘라내고 싶은 사람은 어디에도 없다'라며 주식을 팔지 않을 정도로 자신의 회사에 애착이 강했습니다. 이러한 노력 덕분에 지금의 오라클이 있지 않았을까 생각합니다.

정말 데이터로 미래를 예측할 수 있는 시대가 올까?

영화 〈돈 룩 업〉 (출처 넷플릭스)

우리는 96.5%의 정확도로 사망 방식도 예측해요. 우리 만난 후로 좀 알아봤죠.
당신의 죽음은 아주 하찮고 따분했어요. 당신은 외롭게 혼자 죽을 거예요.

– 영화 <돈 룩 업> –

영화 〈돈 룩 업Don't Look up〉은 지구를 향해 돌진하는 혜성의 존재를 발견한 대학원 박사과정 출신과 교수인 두 천문학자가 임박한 재앙을 전 인류에 경고하는 내용입니다. 극중에서 AI 배시는 알고리즘으로 사람의 미래까지 예측합니다. 한 사람에 대해 4천만 건의 정보를 가지고 있고, 몸 속 대장 용종의 갯수와 죽음의 모습까지 예측하는 것처럼 SF 영화 속 장면들은 점차 현실이 되어 가고 있습니다. 20년 전 영화에 등장한 신화적인 예언자가 20년 후에는 실제로 컴퓨터에 등장할지도 모릅니다. 그리고 그 한가운데 오라클 데이터베이스와 그 제품을 사용하는 테크 기업들은 오늘도 당신의 데이터를 모아서 당신의 삶을 훔쳐보고 있습니다.

📝 알아두면 좋은 IT 용어

AI Artificial Intelligence

인공지능은 인간 지능을 모방하여 작업을 수행하고 수집한 정보를 기반으로 반복적으로 개선할 수 있는 시스템 또는 기계를 의미합니다.

66 데이터로 예언이 가능한
디지털 예언자 '오라클'이 탄생할 수 있을까요? 99

돌고래와 물개 중 어떤 동물이 더 강할까?

돌고래와 물개는 묘하게 닮은 듯 닮지 않은 동물입니다. 물 속에서만 사는 돌고래와 육지와 바다를 누비는 물개는 자주 만날 일이 그다지 없어 보입니다. 심지어 먹고 먹히는 포식자와 피식자 간의 관계도 아니기 때문에 싸울 일은 더더욱 없을 듯합니다.

돌고래는 포유류이자 이빨고래류의 한 종류이고, 매우 영리한 동물입니다. 거울에 비친 자신을 모습을 인식하는 몇 안 되는 동물이기도 하며, 7~8세 어린이 정도의 지능을 가지고 있다는 연구 결과가 있습니다. 돌고래의 몸은 유선형이어서 물속에서 재빠르게 움직일 수 있고 청각이 매우 발달되어서 음파 탐지 능력으로 먼 거리의 물체를 음파로 알아챌 수 있습니다. 시력도 좋고, 피부의 촉각도 잘 발달되어 있습니다.

물개 역시 포유류이며 바다사자과에 속합니다. 서식지는 해변가나 바위가 많은 지역을 선호합니다. 북부 물개는 체중이 무려 300kg에 달하고, 길이는 3m나 됩니다. 힘이 매우 세서, 성인 남성도 입으로 물어 가볍게 패대기칠 수 있을 정도로 체력이 대단한 동물이라고 합니다.

동물적인 특성과 별개로 무료 데이터베이스 전쟁에서 이 두 동물은 상징적인 의미가 있습니다. 이제 IT계에서 두 동물이 왜 라이벌인지 알아보겠습니다.

MySQL vs MariaDB

—

돌고래 vs 물개,
무료 데이터베이스의 전쟁

돌고래 vs 물개, 승자는?

돌고래와 물개는 다행히 만나서 싸울 일은 없습니다. 만약 싸움을 붙여 놓아도 영리한 돌고래가 바닷속 깊은 곳으로 도망가버릴 것입니다. 그래도 우열을 따져본다면 개인적으로는 물개가 조금 더 세지 않을까라고 조심스럽게 추측해봅니다. IT 이야기를 하던 중에 왜 바다동물이 등장하고, 누가 이길지 비교하고 있을까요? 그 이유는 무료 데이터베이스의 최강자 MySQL과 MariaDB의 로고가 각각 이 동물들을 채택하고 있기 때문입니다.

MySQL vs MariaDB

무료 데이터베이스의 대표 주자

회의

스타트업 개발자들이 새로운 서비스를 론칭하기 위해 판교에 있는 작은 사무실에 모였습니다. 어떤 데이터베이스를 사용할지를 두고 고민이 시작됩니다. 스타트업 특성상 최소 비용으로 최대 효과를 내기 위해 무료 관계형 데이터베이스를 선택하기로 합니다. 한 개발자가 MariaDB를 추천합니다. 그러자 옆에 있던 다른 개발자는 이왕이면 MySQL이 더 낫지 않냐고 합니다. 그러자 신입 개발자가 묻습니다. "두 개가 무슨 차이죠?" 사무실은 순간 조용해집니다. MariaDB와 MySQL의 특징을 모른다면 일어날 수 있는 상황입니다. 그러면 두 데이터베이스의 차이를 알아볼까요.

세상에서 가장 많이 사용하는 DBMS, MySQL

MySQL

개발자들이 가장 많이 사용하는 데이터베이스는 MySQL입니다. MySQL 은 1995년 설립된 스웨덴의 소프트웨어 회사 MySQL AB가 만든 오픈소스 기반 관계형 데이터베이스입니다. 회사를 창립한 몬티 와이드니어스Monty Widenius는 데이터베이스의 오픈소스 운동을 주도했습니다. 오픈소스는 소프 트웨어를 공개적으로 접근할 수 있으며 누구나 자유롭게 확인하고, 수정하 여 배포할 수 있는 코드를 말합니다. 운동의 취지는 누구든 무료로 관계형 데이터베이스를 사용하게 만들자는 것이었습니다. 1996년 드디어 몬티는 데이비드 휴즈David Hughes의 mSQL을 참고해 MySQL 버전 1.0을 발표합니 다. 그리고 2001년 헤이키듀리Heikki Tuuri가 만든 InnoDB를 포함한 오늘날의 모습과 가장 가까운 트랜잭션을 처리하는 MySQL이 출시됩니다.

MySQL 로고가 돌고래인 이유는 단순합니다. 빠르고, 지능적이고, 친절하 고, 무리 활동으로 상어를 무찌른다는 이유로 돌고래가 좋아서 결정됐습니 다. 로고 초안은 컴퓨터 글쓰기 진행 방향과 같은 왼쪽에서 오른쪽으로 돌 고래가 점프하는 모양이었습니다. 그러나 몬티는 색다른 걸 원했고 그 결 과 지금의 반대로 점프하는 로고가 완성됐습니다. 그리고 My는 자신의 첫 째 딸 마이 와이드니어스의 이름(My)에서 따왔습니다. 그리고 돌고래에는

'Sakila'라는 이름을 붙여주었습니다.

돌고래에서 물개로, MariaDB

MariaDB

> 오라클은 'MySQL을 어떻게 하면 자신들의 소유로 할 수 있을까'만 고민했고,
> 그래서 저는 회사를 나왔습니다.   - 몬티 -

2008년 몬티는 MySQL을 썬 마이크로시스템즈에 10억 달러에 매각하였습니다. 그 덕분에 몬티는 핀란드 10대 갑부 중 한 명이 되었습니다. 하지만 2010년 1월 오라클이 다시 썬 마이크로시스템즈 회사를 인수하면서 상황이 이상하게 흘러갑니다. 누구나 사용하도록 무료 오픈소스를 추구했던 MySQL은 오라클에 인수되면서 상용 유료 버전과 일반 무료 버전 두 가지 라이선스 정책을 세웁니다. 기술 지원을 받기 위해서는 상용 버전을 구매해야 하는 차별과 소극적인 제품 개발로 업데이트가 늦어지면서 몬티는 자식처럼 생각하는 MySQL이 제대로 관리되지 않는다고 생각합니다. 불편한 기색을 드러낸 몬티는 결국 회사를 나오고 재단을 세워 MySQL을 대신할 수 있는 또 다른 오픈소스 기반 데이터베이스를 만듭니다. 이렇게 탄생한 것이 바로 MariaDB입니다. 이번에는 둘째 딸 마리아 와이드니어스^{Maria}

Widenius 이름(Maria)에서 따왔고 로고는 물개로 왼쪽에서 오른쪽을 향하고 있습니다.

2009년 썬 마이크로시스템즈를 떠난 몬티와 동료들은 Monty Program AB를 설립했습니다. 초창기에는 MySQL 5.5 버전을 기반으로 하였으며 모든 기능은 MySQL과 동일하게 호환되었습니다. 하지만 MariaDB는 MySQL보다 성능이 뛰어나기를 원했습니다. 10.x 버전부터 빠른 성능 개선을 앞세워 먼저 개발된 MySQL이 이제는 반대로 MariaDB의 기능을 따라오도록 했습니다. 물개가 돌고래를 앞지른 순간입니다.

치열한 전쟁에서 선택은 개발자의 몫

몬티 와이드니어스 (출처 commons.wikimedia.org)

돌고래와 물개 경쟁은 서로를 자극하였고 더 좋은 관계형 데이터베이스를 탄생시켰습니다. MySQL은 오라클이라는 서비스를 기대할 수 있으며, MariaDB는 몬티 재단이 이끄는 최고 개발자 사단의 능력으로 성능 좋은 데이터베이스를 사용할 수 있습니다. 현재 무료 관계형 데이터베이스의 저울은 MariaDB 쪽으로 많이 이동하고 있습니다. 대표적인 레드햇 운영체제 페도라는 MySQL을 버리고 19 버전부터 MariaDB를 채택하였습니다. 이러한 이동은 거대한 기업을 중심으로 연속적으로 일어나고 있습니다.

결론적으로 돌고래와 물개의 싸움으로 인해 데이터베이스는 발전하고 성장하였습니다. 몬티가 가진 철학은 사라질 위기에 처했던 무료 데이터베이스 시장의 불씨를 되살렸습니다. 개발자의 가장 멋진 모습 중 하나가 바로 이러한 철학을 가진 자의 용기가 아닐까 생각합니다. 지금도 관계형 데이터베이스의 전쟁은 계속되고 있습니다. 이 전쟁으로 인해 저는 오랫동안 코딩을 하면서 당장 눈앞에 프로젝트만을 바라보고 살아온 건 아닌지 생각하게 됐습니다. 몬티처럼 IT라는 거대한 생태계에 혁신이라는 전쟁을 일으킬 수 있는 꿈을 꾸고 싶다는 생각을 해봅니다.

📝 알아두면 좋은 IT 용어

통합 개발 환경 Integrated Development Environment

코딩, 디버그, 컴파일, 배포 등 프로그램 개발에 관련된 모든 작업을 하나의 프로그램 안에서 처리하는 환경을 제공하는 소프트웨어입니다. 편리하게 소프트웨어를 개발할 수 있도록 하는 환경이 구축되어 있습니다. 줄여서 IDE라고 합니다.

> 💬 오라클과 몬티의 치열한 전쟁을 보면서
> 어떤 생각이 드나요? 여러분은 어떤 분야에서
> 싸워보고 싶은가요? 💬

출처 위키백과

기성 예술을 거부한 천재 화가, 장미셸 바스키아

뉴욕 할렘가에 왕관과 공룡이 그려진 화려한 낙서가 등장했습니다. 낙서 미술의 대가, 미술계에 반항아 천재로 불리는 장미셸 바스키아_{Jean-Michel Basquiat}는 사회에 대한 저항과 기성세대에 대한 불만을 낙서로 자유분방하고 거칠게 표현했습니다. 당시 뉴욕은 길거리에 낙서가 범람하던 시대였습니다. 도시의 골칫거리가 될 뻔한 낙서가 바스키아의 등장으로 예술이 되었습니다.

바스키아의 작품을 보고 있으면 예술이란 자유의 한계를 벗어나 훨훨 날아갈 듯한 느낌이 듭니다. 유치원생이 그렸다고 해도 믿을 만큼 단순해 보이지만 뛰어난 조형 감각과 다양한 색채 감각을 엿볼 수 있습니다. 바스키아의 등장은 미국 미술의 두 번째 혁신을 주었습니다. 인종주의, 해부학, 흑인 영웅, 만화, 자전적 이야기 그리고 죽음 등을 주제로 팝아트 계열의 천재적인 자유구상화가로 낙서를 예술로 승화시켰다는 평가를 받고 있습니다. 장미셸 바스키아는 기성의 예술 표현을 뒤집는 거대한 흐름을 만들어냈습니다.

NoSQL

—

데이터베이스계의 악동

관계형 데이터베이스의 한계

대표적인 관계형 데이터베이스 제품

관계형 데이터베이스의 등장은 트랜잭션을 통한 안정적인 데이터 관리를 가능하게 한 혁신적인 발전이었습니다. 하지만 '데이터 처리 비용'이라는 문제가 생겼습니다. 다양한 서비스 개발에 있어 데이터 보관에 따른 데이터베이스 부하를 일으켰고 이로 인한 데이터 처리 비용이 증가했습니다. 데이터의 증가만큼 성능 좋은 하드웨어도 필요로 했습니다. 기업에서는 데이터베이스를 관리하는 비용 문제가 이슈로 떠올랐습니다.

특히 빅데이터의 등장은 RDB의 한계를 앞당겼습니다. 빅데이터의 등장으로 데이터와 트래픽이 기하급수적으로 증가하게 되었고, 빅데이터를 기존 관계형 데이터베이스 관리 시스템에서 처리했을 때 문제가 발생했습니다. 대표적인 문제는 다운타임Down Time입니다. 빅데이터를 RDB의 형식에 맞게 데이터를 입력하면 긴 시간 동안 데이터베이스 시스템을 이용할 수 없는 다운타임이 발생하게 됩니다. 이러한 일시적인 서비스 중단을 최소화하기 위해서 NoSQL이 등장합니다.

No! SQL

NoSQL

거대한 공룡 기업들이 만든 관계형 데이터베이스 세계에 악동이 나타납니다. 바로 NoSQL입니다. 이름 자체에서도 기존 RDBMS의 독점적인 지위를 반발하는 정신이 담긴 이름으로 데이터베이스 세계에 등장합니다. DBMS 조작 언어인 SQLStructured Query Language에 'No'를 붙여서 사용합니다. 이 약자에 대해 많은 추측이 있습니다. 'Not Only SQL', 'Non-Relational Operational Database SQL' 등 다양한 해석이 있지만 기존 데이터 저장 방식에 저항하는 의미를 가진 건 확실한 듯합니다.

1998년 카를로 스트로치^{Carlo Strozzi}는 표준 SQL을 사용하지 않는 경량화된 관계형 데이터베이스를 공개하였고, 2009년 요한 오스카르손^{Johan Oskarsson}이 NoSQL이라는 용어를 처음 사용하였습니다. 이 낯선 이름의 데이터베이스는 현재 어디에 사용되고 있을까요? 스마트폰에 페이스북, 인스타그램, 트위터가 설치되었다면 여러분은 이미 낯선 NoSQL을 사용 중인 겁니다. 현재 많은 기업과 서비스에서 NoSQL을 사용 중이며 개발자에게도 꼭 필요한 스킬입니다.

그렇다면 NoSQL은 무엇인가?

상자

NoSQL은 기성 데이터베이스가 사용하던 관계형 데이터베이스를 벗어난 방식을 사용한 '비관계형 데이터베이스'입니다. 예를 들어 뉴욕에 한 도서관에 책 한 권을 입고시켜 보겠습니다. 제 책을 관계형 데이터베이스에 등록하기 위해서는 우선 저자 '고코더'는 저자를 관리하는 '저자 테이블'에 저장합니다. 그리고 책은 책 정보를 저장하는 '책 테이블'에 저장합니다. 그리고 출판사 정보는 출판사를 관리하는 테이블 '출판사 테이블'에 저장합니다. 이렇게 3개의 테이블이 연결되어서 데이터를 관리할 때 참조 무결성을 실현하게 됩니다. 이는 테이블의 레코드 간의 관계를 유효하게 하는 규칙으로 사용자의 실수로 관련 데이터가 삭제되거나 수정되는 것을 막아줍니다. 복잡하지만 확실한 데이터를 관리할 수 있는 방법입니다.

하지만 이단아 NoSQL은 이러한 기성세대 방식을 깨트렸습니다. 마치 바스키아의 낙서처럼 말이죠. 비관계형 데이터베이스에 책 정보를 저장한다면 그저 서적 레코드에 한 번에 저장합니다. 더 전문적으로 말하자면 JSON 형식으로 문서에 저장되고 이 단일 정보 안에는 책 정보, 저자, 출판사 정보까지 들어 있습니다. 집 정리에 비유하면 책은 책장에, 옷은 옷장에, 음식은 냉장고에 보관했다면 이 방식은 책과 옷 그리고 음식까지 한곳에 집어넣어 관리하는 방식입니다. 기존 방식이 더 합리적으로 보이지만 이렇게 된 이유가 있습니다.

NoSQL 대체 뭐가 좋은데?

청소 도구

데이터베이스의 일관성과 확장성은 상반된 관계입니다. NoSQL은 일관성과 확장성 요소를 적당히 조절했습니다. 일관성을 어느 정도 포기하는 대신 확장성으로 성능을 향상시켰습니다. 청소를 예로 들면 어지럽게 널려 있는 물건을 한 상자에 몰아넣으면 청소는 빨리 할 수 있지만 나중에 물건을 찾는 데에는 더 오랜 시간이 걸릴 수 있습니다. 이처럼 데이터 간의 일관성은 조금 포기하고 더 빠르게 데이터를 정리할 수 있게 되었습니다.

또한 NoSQL로 인해 분산 저장이 수월해졌습니다. 여러 대의 저비용 서버를 수평적으로 확장해 성능을 향상시켰습니다. 책이 많으면 책장이 더 필요하지만 상자에 보관하면 책이 많더라도 책장 없이 보관이 가능합니다. 책장 대신 상자 개수만 늘리면 됩니다. 하지만 기존 방식은 책장이라는 수평적 확장이 필요했기 때문에 많은 비용이 발생했습니다.

틀을 벗어난 혁신

NoSQL과 바스키아를 보면서 틀을 벗어난 혁신에 대해 생각하게 됩니다. 완전히 새로운 것을 만드는 것은 어렵지만 그럼에도 혁신이라는 단어는 개발자와 매우 닮았음을 알 수 있습니다. 코딩으로 무언가 새로운 것을 만드는 프로그래머도 틀을 벗어난 일을 하는 사람이 아닐까 생각합니다. IT도 예술처럼 틀이란 구조에서 벗어나 더 자유롭고 새롭게 나설 때 기술 혁명을 불러올 것으로 생각합니다.

❝NoSQL이 정해 놓은 틀을 깬 혁신이
바로 IT 정신 아닐까요?❞

PART
05

코딩 이야기

내 손으로 직접 만드는 즐거움, DIY

가구, 가죽 지갑, 인형, 맥주, 향수, 옷, 반지까지 필요한 물건을 직접 만들어 쓰는 방법을 D.I.Y^{Do It Yourself}라고 합니다. DIY는 전문 업체에서 생산한 제품이 아니라 부품을 직접 선택하여 사용자 자신이 제품을 만드는 방식입니다. 저도 직접 반지를 만들기도 했고, 최근에는 일반 자전거를 전기 자전거로 바꾸는 키트를 구입하여 전기 자전거로 만든 경험이 있습니다. 제품을 만들면서 추억을 쌓고 실질적인 비용도 아낄 수 있다는 것이 DIY의 장점입니다. 더불어 삶에 새로운 활력을 불어넣기도 합니다.

—

Do It Yourself

가죽 지갑 만들기

가죽 지갑 만들기

가죽 지갑을 만든다고 생각해봅시다. 우선 가죽이 필요하겠죠. 보통 소가죽을 많이 사용합니다. 그다음은 공예 도구가 필요합니다. 도안을 그리기 위한 자와 펜, 가죽 재단에 필요한 칼, 잘라낼 곳을 표시하기 위한 송곳도 필요로 합니다. 칼로 잘라낸 단면은 사포로 갈아냅니다. 그리고 단면에 원하는 염색약을 칠하고 접착제를 바르면 드디어 가죽 지갑 완성입니다. 작은 지갑 하나를 만들기 위해서 사용한 도구는 10여 가지나 됩니다.

DIY가 가능한 이유는 무엇일까요? 바로 미리 준비된 재료와 도구 덕분입니다. 만약 이런 재료나 도구를 구할 수 없다면 어떻게 될까요? 직접 소가죽을 구하러 초원에 가고, 가죽을 자르기 위해서는 뾰족한 돌을 구해야 할 것입니다. 원하는 색을 내기 위해 꽃과 풀을 갈아서 염색하고 접착제 대신 지푸라기를 꼬아 꿰매야 하는데 이 모든 과정은 무척 불편한 일입니다. 이러한 불편을 감수하고 만들더라도 결과물에 비해 들이는 비용과 시간은 손해입니다. 누군가 마련한 재료와 도구가 없다면 DIY는 불가능합니다.

집 수리에서 시작, DIY

『작은 집을 짓는 65가지 아이디어』 (출처 시그마북스)

책『작은 집을 짓는 65가지 아이디어』에는 작은 집을 짓는 65가지 아이디어가 나옵니다. 가족이 모이는 거실을 가장 멋진 공간으로 만들어달라는 건축주 의뢰에 저자는 거실을 가족이 수시로 드나드는 현관과 가깝게 배치하고, 현관과 거실 사이에 개방감 있는 중정을 만들었습니다. 일반적인 현관의 개념을 벗어나 좌우 여닫이 문을 시공하여 현관문 양쪽을 열면 $21.06m^2$(약 7평) 크기의 거실에 현관과 중정을 더한 하나의 큰 공간이 생겼습니다.

집 수리에서부터 비롯된 DIY는 1945년 영국에서 시작되어 미국까지 퍼져나갔습니다. 전문가의 도움 없이 DIY가 가능할 수 있었던 건 기술의 발전으로 인해 '스스로' 할 수 있도록 도구와 재료가 마련됐기 때문입니다. 그리고 집이라는 '프레임워크'가 있어 가능했습니다. 집의 모양은 달라도 비슷한 기본 틀을 가지고 있습니다. 시멘트 콘크리트를 이용해 획일적으로 찍어낸 아파트를 보면 어떤 의미인지 알 수 있습니다. 집은 오랫동안 인류가 발전시켜온 삶의 거주 공간입니다. 획일화된 모양이지만 이 기본을 토대로 자신만의 새로운 공간을 만들어갈 수 있는 이유가 바로 집이라는 프레임워크가 있기 때문입니다.

작은 집을 만들 수 있는 프레임워크

💡 **프레임워크의 사전적 의미**

- 소프트웨어 애플리케이션이나 솔루션 개발을 수월하게 하기 위해 소프트웨어의 구체적 기능들에 해당하는 부분의 설계와 구현을 재사용 가능하도록 협업화된 형태로 제공하는 소프트웨어 환경이다.
- 복잡한 문제를 해결하거나 서술하는 데 사용하는 기본 개념 구조이다.
- 특정한 목적에 사용되는 사고체계, 어떤 일에 대한 판단이나 결정을 위한 틀이다.

GoF^Gang of Four의 디자인 패턴으로 유명한 랄프 존슨^Ralph Johnson 교수는 프레임워크를 "소프트웨어의 구체적인 부분에 해당하는 설계와 구현을 재사용할 수 있는 일련의 협업화된 형태로 클래스를 제공하는 것"이라고 정의했습니다. 그렇다면 프레임워크와 라이브러리는 무엇이 다를까요? 바로 애플리케이션의 틀과 구조의 차이가 있습니다. 프레임워크는 구조를 결정할 뿐만 아니라 그 위에 개발된 개발자의 코드를 제어하며 구체적이고 확장 가능한 기반 코드를 가지고 있습니다. 그리고 설계자가 의도하는 여러 디자인 패턴의 집합으로 구성되어 있습니다.

📝 **알아두면 좋은 IT 용어**

GoF 디자인 패턴

소프트웨어 공학에서 가장 많이 사용되는 디자인 패턴입니다. 디자인 패턴이란 프로그래밍할 때 문제를 해결하고자 코드의 구조들을 일정한 형태로 만들어 재이용하기 편리하도록 만들어 놓은 일정한 형태를 말합니다.

개발자와 프레임워크

잠금장치

프레임워크는 개발자들이 자주 사용하는 기능을 미리 준비해 놓습니다. 홈페이지를 프레임워크 없이 만든다면 많은 사전 작업이 필요합니다. 아마존 밀림에서 맨손으로 집을 짓는 것과 별반 다르지 않을 것입니다. 하지만 프레임워크는 홈페이지라는 집을 마련해 놓았습니다. 이 집은 잘 지어져 있지만 자세히 살펴보면 기본적인 것으로만 이루어져 있습니다. 현관문, 화장실, 창문, 거실, 안방처럼 기본만 갖춘 집입니다. 프레임워크를 사용하면 게으른 개발자라고 여기는 사람도 있습니다. 하지만 이미 구현된 부분은 손대지 않고, 기존에 틀에서 덧대어 새로운 작품을 만드는 과정이야 말로 프레임워크가 지향하는 방향입니다.

시중에는 다양한 프레임워크가 있습니다. 닷넷[net]처럼 지원 범위가 방대한 범용적인 프레임워크도 있고, 루비[Ruby]라는 언어로 웹 애플리케이션을 만들 수 있도록 도와주는 루비 온 레일즈[Ruby on Rails]도 있습니다. 닷넷이나 루비 온 레일스처럼 큰 규모의 프레임워크도 있지만, 스프링 시큐리티[Spring Security]처럼 보안이나 프로그램의 기록을 살펴볼 수 있는 로깅 프로그램과 리모트, UI, 캐싱 등 세부 분류의 프레임워크도 있습니다. 만약 집이라는 프레임워크를 구매했다면 현관문 잠금장치는 어떻게 해야 할까요? 직접 자물쇠나 도어락을 만들 수는 없습니다. 시중에 팔고 있는 잠금장치를 구매하여 설치하는 것이 현명한 방법입니다. 이처럼 프레임워크를 사용하는 것은 게으른 변명이 아닌 가장 효율적인 방법으로 프로그램을 짓는 과정이라고 할 수 있습니다.

집을 짓는 프레임워크

집짓기를 인생에 비유하기도 합니다. 개발자들이 짓고 있는 프레임워크라는 집은 다른 개발자의 중요한 재료가 되고, 그 재료로 만들어진 사이트는 누군가의 즐거움이 되고, 인생을 바꾸는 프로그램이 되기도 합니다.

📝 알아두면 좋은 IT 용어

닷넷 프레임워크 .NET Framework

닷넷 프레임워크는 마이크로소프트 사에서 제공하는 윈도우 프로그램 개발 및 실행 환경입니다. 공용 언어 런타임 Common Language Runtime 위에서 작동하므로 플랫폼에 독립적입니다. 네트워크 작업, 인터페이스 등의 많은 작업을 캡슐화하여 코딩의 효율성을 증대시켰다는 장점이 있습니다.

❝개발자의 인생을 비유하자면 프레임워크로 프로그램을 짓는 과정과 비슷하지 않을까요?❞

인생과 지식을 배우는 곳, 도서관

도서관에는 누군가의 인생 혹은 지식을 기록한 책들이 가득합니다. 저는 주말이면 도서관에 가서 책을 빌립니다. 도서관에 가면 관심 있는 분야부터 향합니다. 서가에서 몇 권의 책을 훑어보고 마음에 드는 도서를 옆구리에 끼고 다른 책을 살펴봅니다. 책을 고른 후 대출 데스크를 찾아갑니다. 구민 회원증을 제시한 후에 대출을 완료합니다. 그렇게 저는 누군가의 인생을, 누군가의 지식을 빌려 갑니다.

라이브러리

—

코드를 빌리다

뉴욕 라이브러리에서

영화 <뉴욕 라이브러리에서>

뉴욕 공공도서관New York Public Library은 세계 5대 도서관이자 철학이 살아 숨쉬
고 예술이 꿈틀거리는 뉴요커들이 사랑하는 뉴욕 지식의 심장부입니다. 카
네기 재단 후원으로 설립되었고 뉴욕시와 민간 예산이 조합된 거버넌스 형

태로 운영되고 있습니다. 영화 〈뉴욕 라이브러리에서〉는 123년 동안 뉴욕 시민의 지식의 등대가 되어 준 뉴욕 공공도서관을 12주간 기록한 다큐멘터리로, 도서관은 책을 보관하고 대여해주는 유통점 같은 공간으로 여겼던 우리 생각을 깨트린 작품입니다. 뉴욕 공공도서관은 지식을 얻으려는 이들을 위한 간절한 공간으로 이곳에 사람들이 모여 문화 공동체를 이뤘습니다. 그런 공동체를 위해 이 도서관의 직원들은 쉬지 않습니다. 강연, 예술 공연, 교육 프로그램, 취업 박람회 등 시민들을 위해 다양한 행사를 엽니다. 뉴욕 공공도서관을 찾은 모든 시민들은 무료로 사유할 수 있는 지식을 얻고, 누군가의 지식으로 성장한 시민이 다시 도시를 이끌어 가는 힘이 됩니다.

라이브러리

책장

프로그래밍에서 라이브러리라는 표현을 쓰는 게 이상하다고 생각할 수 있습니다. 우선 라이브러리 뜻부터 살펴보면 라이브러리library는 '도서관'이라는 뜻이고, '관'은 건물을 뜻합니다. 자연스레 책이 있는 건물이 떠오릅니다. 라이브러리의 어원은 책을 뜻하는 라틴어 'liber'에서 파생되었습니다.

이를 바탕으로 '모여 있는 책', '책이 모인 공간'이라는 의미로 라이브러리는 관련 지식의 집합체라고 생각할 수 있습니다.

개발에서의 라이브러리도 이와 비슷합니다. 개발에서의 라이브러리는 누군가의 지식을 함축해 놓은 코딩 결과물입니다. 그런 면에서 코딩과 글쓰기는 닮았습니다. 잘 짜인 라이브러리는 책 한 권과 같은데 선배 개발자가 만들어 놓은 귀한 지식을 누구나 가져다 쓸 수 있기 때문입니다. 그것이 개발에서의 라이브러리입니다.

라이브러리를 사용하는 이유

소프트웨어 개발하는 데 있어 공통으로 사용할 수 있는 기능들을 모듈화한 것이 라이브러리입니다. 라이브러리는 스스로 동작하는 완전한 프로그램이 아닌 특정 기능만을 수행하도록 개발된 코드입니다. 라이브러리 자체를 직접 실행하기보다는 개발자가 사용법에 따라 프로그램에 더해 필요한 기능을 재생산하는 개념입니다.

라이브러리를 사용하는 이유는 책에 담긴 지식을 습득하는 것과 같습니다. 강아지에 대해 알고 싶다고 강아지를 입양해서 행동과 특성을 직접 연구하여 지식을 습득하지는 않습니다. 그렇게 한다면 동물에 대한 지식을 얻기 위해 사용하는 시간이 상당할 것입니다. 코딩에서도 개발자가 특정 서비스를 만들기 위해 모든 기능을 직접 코딩하지는 않습니다. 사용자 IP 주소를 가져오는 기능을 구현해야 할 경우 이 기능만 개발하는 데 한 달 아니 일년이 걸릴지도 모릅니다. 하지만 라이브러리를 이용하면 누군가 만들어 놓은 수고를 이용할 수 있습니다. 간단하게 그 지식을 라이브러리라는 구조로 가져다 쓰면 시간 낭비 없이 필요한 시스템을 만들 수 있습니다. 브라우저 점유율 1위 크롬도 구글이 전부 만들지 않았습니다. 오픈소스로 공개된 25개의 라이브러리 코드를 활용하여 만들었고 훌륭한 라이브러리 덕분에 2008년부터 우리는 크롬을 사용할 수 있게 되었습니다.

라이브러리의 종류

라이브러리의 종류는 두 가지로 나눌 수 있습니다. 프로그래밍 언어를 만든 개발자들이 제공하는 표준 라이브러리와 외부 개발자들이 만들어 배포하는 외부 라이브러리입니다.

표준 라이브러리

프로그래밍 언어와 함께 제작사에서 제공하는 정식 라이브러리입니다. 프로그래밍 언어의 여러 구현체에서 통용될 수 있도록 만들어진 라이브러리이며 표준 라이브러리를 이용하면 별도의 파일 설치 없이 다양한 기능을 이용할 수 있습니다.

외부 라이브러리

별도의 파일을 설치해야 사용할 수 있으며 누구나 개발하여 공유할 수 있습니다. 인터넷을 통하여 사용이 가능합니다.

 라이브러리와 프레임워크의 차이

라이브러리와 프레임워크의 차이점은 '제어 흐름'의 권한이 어디에 있는가이다. 라이브러리의 경우 애플리케이션의 흐름을 사용자가 직접 제어한다. 하지만 프레임워크의 경우 전체적인 흐름을 프레임워크가 쥐고 있다.

코딩을 빌리다

코딩을 빌리다

우리는 책에서 지식을 빌리고 그 지식을 통해 한 단계 더 성장합니다. 코딩에서는 라이브러리를 빌리고 그 라이브러리를 통해 개발자는 한 단계 더 성장하고 새로운 프로젝트를 완료합니다. 코딩을 빌린다는 표현이 낯설 수 있습니다. 하지만 책과 코딩의 공통점이 있다면 많이 빌려서 많이 읽을수록 성장할 수 있다는 것입니다. 더 나아가 누군가에게 빌려줄 라이브러리를 만들 수 있는 개발자가 되는 것은 어떨까요?

66 라이브러리, 개발자의 인생을 빌리다. 99

약속에 늦은 친구

오랜만에 친구와 영화를 보기로 한 날입니다. 영화 상영 시간보다 20분 먼저 도착해 영화관을 둘러보는데 스마트폰 진동이 울립니다. 불안한 마음으로 메시지를 확인하니 30분 정도 늦는다는 친구의 연락입니다. 이제부터 고민이 시작됩니다. 20분 뒤면 영화는 시작하는데 친구를 기다릴 경우 10분 정도 앞부분을 놓치게 됩니다. 지금 영화관에 들어가면 미리 좌석에 앉아 여유롭게 영화를 볼 수 있지만 친구가 섭섭해할 수도 있을 것입니다. 이런 상황이라면 여러분은 어떤 선택을 하겠습니까?

동기화 vs 비동기화

—

약속에 늦은 친구를 기다릴까?
먼저 갈까?

지각대장 존

『지각대장 존』 (출처 비룡소)

보통 지각은 게으름으로 인해 일어납니다. 그런데 타당한 지각 사유가 있다면 어떨까요? 『지각대장 존』의 주인공 존 패트릭 노먼 맥헤너시는 등굣길에 악어, 사자, 커다란 파도 등을 만나면서 어쩔 수 없이 지각을 하게 됩니다. 선생님은 존의 지각 이유를 믿지 않고 벌을 줍니다. 그러던 어느 날 선생님이 고릴라에게 붙들려 교실 천장에 매달리게 됩니다. 선생님은 존에게 도움을 요청하지만 존은 고릴라 따위는 살지 않는다며 외면합니다.

〈지각대장 존〉처럼 어쩔 수 없는 이유로 지각할 때는 어떻게 해야 할까요? 이해해주고 용서해야 할까요? 아니면 규칙을 어겼으니 혼을 내야 할까요? 분명한 건 선생님 판단이 옳든 그르든 선생님의 선택에 의해 결정될 것입니다. 지각을 하면 관리자는 그에 따른 선택을 해야 합니다. 그것이 지각을 다루는 방법입니다. 코딩에서도 지각생을 다루는 방법이 존재합니다. 바로 동기화synchronization와 비동기화asynchronization입니다.

동기화와 비동기화

동기화라는 단어를 이해하기 위해서는 클라이언트와 서버를 먼저 알아야 합니다. 말 그대로 클라이언트는 고객으로 사용자이고 서버는 제공자입니다. 사용자가 웹 브라우저를 통해 서버에 데이터를 요청하는 것이 클라이언트가 하는 행동입니다. 구글에 접속해서 검색어를 입력하고 엔터를 누르는 행위 자체가 바로 클라이언트의 요청인 것입니다. 이때 서버가 응답하는 형식을 동기화 방식과 비동기화 방식 두 가지로 나눕니다.

동기화 방식

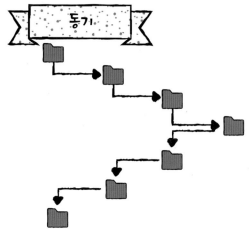

동기화 방식

동기화 방식은 요청을 보내고 응답을 받은 후 다음 동작을 시작합니다. 일을 처리할 때 다른 프로그램들은 자신이 바통을 이어받기 전까지 지켜보게 됩니다. 그래서 프로세스 절차가 중요한 관리자 페이지나 금융 사이트 같은 곳은 동기식으로 개발하는 경우가 많습니다. 많은 개발자들이 해왔던 익숙한 프로그래밍 방식입니다.

 동기화 방식의 특징

- 한 번에 하나씩 처리한다.
- 순차적으로 처리하기에 비동기 방식에 비해 느리다.
- 디버깅이 쉽다.

비동기화 방식

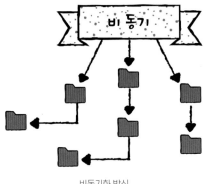

비동기화 방식

비동기화 방식은 요청을 보내고 결과를 기다리지 않고 다음 단계를 실행합니다. 기다리지 않기 때문에 다양한 작업이 동시에 일어납니다. 응답을 처리하면 콜백 함수로 이를 전달하게 됩니다. SNS나 포털 사이트처럼 기능이 많고 사용자가 많은 사이트에서 유리합니다.

☀ 비동기식의 특징

- 여러 가지 로직을 동시에 처리한다.
- 매우 빠르게 결과가 도출된다.
- 결과 값을 콜백 함수로 받아야 한다.

📝 알아두면 좋은 IT 용어

콜백 함수 Callback Function

이름 그대로 나중에 호출되는 함수를 말합니다. 콜백 함수라고 해서 그 자체로 특별한 선언이나 문법적 특징을 가지고 있지는 않습니다. 다른 함수가 실행을 끝낸 후 실행하는 함수를 말합니다.

푸드코트는 비동기화 방식

푸드코트

푸드코트가 운영되는 방식을 생각해봅시다. 손님들은 푸드코트에 입점한 다양한 음식점 메뉴를 확인하고 원하는 음식을 선택합니다. 이때 해당 식당에서 주문하지 않고 계산을 담당하는 카운터에서 주문하고 결제합니다. 카운터 직원이 주문받은 음식을 순서대로 각 식당에 조리를 요청하면 식당은 주문을 확인하고 요리를 시작합니다. 한식, 양식, 중식을 순서대로 주문했지만 조리가 빠른 중식이 가장 먼저 나옵니다. 하나의 조리실에서 순서를 기다리며 요리를 하는 것이 아니라 각 식당에서 요리사가 자신이 해야 할 일을 끝내자마자 음식을 내주기 때문에 많은 요청이 와도 손님 회전율을 빠르게 유지할 수 있습니다. 또한 하나의 카운터에서 모든 주문을 처리하기 때문에 식당은 직원 한 명의 인건비를 아낄 수 있고, 손님들은 주문하기 위해 여기저기 식당을 찾아다닐 필요가 없어 편리합니다. 이렇게 여러 개의 이벤트를 동시에 처리하여 결과 값을 반환하는 방식이 비동기화 방식입니다.

개발자의 선택

그렇다면 동기화 방식, 비동기화 방식 중에 하나를 선택하라고 한다면 무조건 비동기화 방식이 좋을 걸까요? 아니면 상황에 따라 사용하는 방식을 달리 해야 할까요?

동기화가 필요한 물건 배송

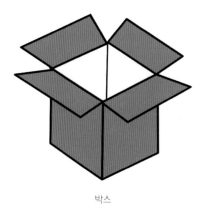

박스

동기화가 필요한 경우는 이렇습니다. 고코더 사장은 작은 쇼핑몰을 운영하고 있습니다. 고객이 상품을 구매하면 발송해야 합니다. 물론 주문을 취소하거나 변경하는 경우도 있습니다. 이때 '주문 → 취소 또는 변경 → 발송'은 요청한 순서대로 일어나야 합니다. 주문과 동시에 발송하게 되면 고객이 취소할 경우 일이 순서대로 진행되지 않아 골치 아픈 상황이 발생합니다. 이런 일이 반복되면 재고관리가 되지 않아 금방 문을 닫고 말 것입니다. 동기화 방식은 정확한 순서가 필요한 시스템에서 필요로 합니다.

비동기화가 필요한 소셜 네트워크

인스타그램

고성능으로 치닫는 현재의 소프트웨어들은 비동기화 방식이 필수가 되는 경우가 많습니다. 비동기화 방식은 소셜 네트워크를 더 빠르게 사용할 수 있도록 만들었습니다. 인스타그램 사진첩을 보면 한 화면에 몇십 장 썸네일이 보입니다. 그런데 사진을 차례대로 불러오지 않고 동시에 불러옵니다. 첫 번째 사진보다 두 번째 사진이 먼저 뜨기도 합니다. 이는 비동기 방식으로 처리했기 때문입니다. 만약 비동기화라는 개념이 없고, 서버의 성능이 낮았다면 어땠을까요? 아마도 사진이 한 장, 한 장 차례대로 로딩되는 것을 보다가 성질 급한 우리는 앱을 꺼버릴지도 모릅니다. 하지만 비동기 프로그래밍은 유동적으로 한 번에 모든 걸 처리합니다. 덕분에 우리는 쾌적하게 SNS를 할 수 있습니다.

지각한 데이터 기다릴까? 먼저 갈까?

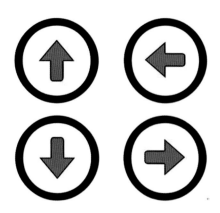

어디로 가야 할까?

사실 알고 보면 컴퓨터도 지각을 합니다. 뚱딴지 같은 소리라고 할 모르지만 사용자가 요청한 응답을 처리하던 중 어쩔 수 없는 상황을 마주하기도 합니다. 〈지각대장 존〉처럼 악어와 사자, 커다란 파도를 만날 수도 있습니다. 버그가 발생할 수도 있고, 네트워크가 지연될 수도 있고, 서버에 문제가 생길 수도 있습니다. 그런 문제가 생겼을 때 개발자는 선택을 해야 합니다. 지각한 컴퓨터를 기다릴지 아니면 그냥 갈자 당신은 어떤 선택을 하고 싶은가요?

❝지각으로 늦은 데이터를 기다려야 할까? 먼저 가야 할까? 정답은 시스템에 맞는 선택을 하는 것입니다.❞

겨울 간식, 붕어빵

추운 겨울에 천 원으로 행복할 수 있는 방법이 있을까요? 따뜻하고 배까지 부를 수 있다면 얼마나 좋을까요? 이런 생각은 국민간식 붕어빵이 현실로 만들어줍니다. 붕어빵 한 봉지를 주문하고 기다려 보겠습니다. 틀에서 갓 구워진 붕어빵들이 차례대로 만들어집니다. 흡사 프로그래밍 코딩을 하는 것처럼 일정 시간과 방법을 넣으면 정해진 결과로 값이 나오는 걸 지켜볼 수 있습니다. 붕어빵이 나오는 과정을 보면서 객체 지향 프로그래밍이 어떻게 움직이고 협력하는지 자연스럽게 떠오릅니다. 이번 시간에는 '붕어빵 이야기'를 통해 복잡한 객체 지향 프로그래밍을 알아보겠습니다.

객체 지향 프로그래밍

—

코딩으로 붕어빵을 만드는 방법

프로그래밍의 패러다임

{OOP}

OOP

"객체 지향 프로그래밍에 대해 설명해보세요."

개발자 기술면접에서 나오는 단골 문제하면 바로 객체 지향에 관한 것입니다. 한 번의 질문으로 끝나는 것이 아니라 꼬리에 꼬리를 물면서 질문을 이어 나갑니다. "장점은 무엇일까요?", "단점이 있을까요?", "어떤 사물과 비유 가능할까요?" 그만큼 이 개념은 프로그래밍에서 중요하고 널리 쓰입니다. 그렇다면 객체 지향 프로그래밍에 대해 자세히 알아보겠습니다.

객체 지향 프로그래밍Object-Oriented Programming은 컴퓨터 프로그래밍의 패러다임 중 하나입니다. 독립된 단위인 '객체'라는 기본 단위로 나누어 메시지를 주고받고 데이터를 처리하며 상호작용하는 방식입니다. 객체 지향 프로그래밍의 특징은 유연하고 변경이 쉬워서 주로 대규모 소프트웨어 개발에 사용됩니다. 이렇게 만들어진 프로그램은 유지보수와 개발이 편리하며 직관적으로 코드를 분석할 수 있습니다. 객체 지향이 가진 특징은 크게 다섯 가지가 있습니다. 바로 객체, 캡슐화, 다형성, 상속, 추상화입니다.

객체

객체^{object}는 물리적으로 존재하거나 추상적으로 생각할 수 있는 것 중에서 자신의 속성을 가지고 있으며 다른 것과 식별 가능한 것을 말합니다. 객체 지향 프로그래밍에서 클래스는 객체를 만들기 위한 확장 가능한 코드 템플릿입니다. 구현 가능한 초기 값을 제공하는 역할을 합니다.

캡슐화

캡슐화^{encapsulation}는 객체 지향의 큰 특징 중 하나입니다. encapsulation는 '봉인하다'는 뜻을 가지고 있습니다. 캡슐화는 중요한 데이터를 보존하고 보호합니다. 이름에서 알 수 있듯이 내부의 정보를 최소한으로 외부에 노출합니다. 즉 내부에서 정의한 필드와 자료구조에 대한 접근을 차단한다는 뜻입니다. 그리고 이를 메서드로 접근해서 사용하는 방식입니다.

다형성

다형성^{polymorphism}은 객체 지향 프로그래밍 특징 중 하나입니다. 상속이 대표적인 개념이기도 합니다. 서로 다른 클래스의 객체가 같은 값을 받은 후 각자의 방식으로 동작하는 능력을 말합니다. 하나의 객체가 여러 가지 타입을 가질 수 있는 것을 의미합니다.

상속

상속inheritance은 적은 양의 코드로 새로운 클래스를 작성할 수 있도록 부모 클래스의 변수나 메서드를 자식 클래스가 물려받아 사용하는 방식을 말합니다. 상속은 코드의 추가와 변경이 쉽고, 기존 클래스를 재사용하여 새로운 클래스를 만들기 때문에 재사용성을 높이고 코드의 중복을 제거합니다.

추상화

추상화abstraction란 특정한 개별 사물과 관련되지 않은 공통된 속성이나 관계 등을 뽑아내는 것입니다. 중요한 특징을 추려낸 후에 이를 간단하게 표현합니다. 또한, 추상화는 여러 가지 요소를 하나로 통합하는 방향성을 가지고 있습니다. 컴퓨터 관점에서 추상화란 데이터나 프로세스 등을 의미가 비슷한 개념이나 표현으로 정의해 나가는 과정이면서 동시에 각 개별 개체의 구현에 대한 상세함은 감추는 것, 이것을 추상화라고 할 수 있습니다.

객체 지향이 가진 특징들은 복잡하고 쉽게 이해할 수 없는 개념들입니다. 한 번에 이해를 못했다면 그것 또한 정상입니다. 그래서 이번에는 객체 지향 프로그래밍을 붕어빵에 비유해 설명하겠습니다.

붕어빵을 만드는 방법

붕어빵을 만드는 방법은 생각보다 단순합니다. 우선 붕어빵 반죽과 팥앙금을 준비합니다. 재료들은 직접 만들지 않고 마트에서 파는 기성 제품을 구매합니다. 그리고 붕어빵을 굽는 기계를 가동합니다. 가스를 넣고 불을 지피고 충분히 기계가 데워지면 붕어 모양의 틀에 반죽을 절반 정도 붓고 팥앙금을 넣습니다. 그리고 다시 밀가루 반죽으로 덮고 뚜껑을 닫습니다. 그렇게 한 개의 붕어빵이 익어가기 시작합니다. 동일한 작업을 반복하다 보면 제일 처음 만들었던 붕어빵이 익고 이를 꺼내어 맛있게 먹으면 됩니다.

붕어빵과 틀, 객체

붕어빵 틀

붕어빵 틀은 객체(붕어빵)를 생성하는 기능을 제공합니다. 여기서 붕어빵을 찍어내는 기계를 클래스_{class}에 비유할 수 있습니다. 클래스란 객체를 정의하는 틀 또는 설계도와 같은 의미로 사용됩니다. 그렇기 때문에 클래스는 동일한 결과를 얻을 수 있습니다. 클래스 덕분에 붕어빵을 만드는 사람도 동일한 결과를 얻고, 소비자도 동일한 맛의 붕어빵을 맛볼 수 있습니다.

비법이 담긴 밀가루 반죽과 팥앙금, 캡슐화

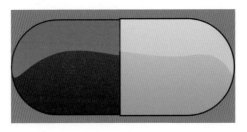

캡슐

보통 붕어빵을 만들 때는 밀가루 반죽과 팥앙금을 사용합니다. 재료는 동일하지만 판매하는 제품마다 맛과 특징이 다릅니다. 그 차이에서 오는 맛의 비법은 모두 비밀입니다. 캡슐화는 캡슐에 약을 담는 것입니다. 효능이 다른 가루가 들어 있지만 우리는 그것을 물과 함께 삼키면 그만입니다. 다시 말해 정의된 방법을 외부에 노출시키지 않고 사용할 수 있게 만든 것이 바로 캡슐화, 은닉성이라고 합니다. 붕어빵을 만들 때 우리는 캡슐화된 밀가루 반죽과 팥앙금의 사용법만 알고 있으면 됩니다. 그게 바로 캡슐화를 이용하는 방식입니다.

잉어빵의 탄생, 상속

붕어빵이 큰 인기를 얻자 유행하고 나서 이보다 반죽은 얇고 팥앙금이 더 많이 들어간 잉어빵을 출시하게 되었습니다. 나아가 더 크고 비싼 황금 잉어빵까지 탄생하게 되었습니다. 하지만 약간의 방식 차이가 있을 뿐 만드는 과정은 모두 동일합니다. 기존 붕어빵 틀에 자신만의 특성을 입혀서 새로운 제품을 만든 것입니다. 이게 바로 상속입니다. 붕어빵 틀을 상속받아 변형하여 새로운 것을 만들고 새로운 이름을 붙였습니다. 이는 클래스가 상속을 이용하여 새로운 클래스를 만드는 과정과 동일합니다. 상속이란 토대에 창작을 더하면 언제든지 새로운 것을 만들어 낼 수 있습니다.

추상화

피카소 <아비뇽의 처녀들> 모작 (출처 픽사베이)

붕어빵은 빵입니다. 빵의 기본 재료인 밀가루는 식빵도 만들 수 있고 바게트도 만들 수 있습니다. 붕어빵을 만드는 데만 사용하지 않습니다. 피카소는 대상의 핵심적인 특징을 뽑아내 간단한 선만 남겨두는 추상화의 대가입니다. 추상화란 이처럼 중요한 정보만을 표현합니다. 추상화를 다르게 비유한다면 '미완성된 설계도'와 같습니다. 공통 부분을 그린 미완성의 설계도를 만들어놓고 이 설계도를 이용해서 각각의 만들어낼 제품의 설계도를 완성하는 것이 효율적일 것입니다. 밀가루는 아직 미완성된 재료입니다. 복잡하고 어렵게 느껴졌던 객체 지향 프로그래밍 방식은 생각보다 가까운 곳에 있습니다. 개발자는 객체 지향 프로그래밍으로 더 효율적인 세상을 만들어가고 있습니다.

📝 알아두면 좋은 IT 용어

스프링 Spring

스프링을 단순하게 표현하면 자바를 쉽게 쓸 수 있게 도와주는 프레임워크입니다. 중복 코드 사용을 줄이고, 비즈니스 로직을 간단하게 구현할 수 있도록 해줍니다. 스프링의 이름의 유래는 스프링 개발자 중 한 명인 얀 카로프 Yann Caroff 가 자바 개발자들의 지옥 같은 겨울을 끝낼 새로운 봄이라는 의미로 지었다고 합니다.

66 코딩은 우리의 일상과 맞닿아 있습니다. 99

한 사람을 위한 카마시라타키역

일본 홋카이도 몬베츠군 에가루초에는 작은 간이역이 있습니다. 이 역을 사용하는 사람은 단 한 명의 고등학생입니다. 이 학생은 등하교를 위해 매일 아침 기차와 저녁 기차를 탑니다. 철도회사는 단 한 사람을 위해 열차를 운행하였고, 학생이 대학에 진학하면서 해당 역도 폐쇄했습니다. 이 이야기의 진위 여부는 알 수 없지만, 미화된 이야기라도 한 사람만을 위해 운행되는 기차가 있다면 얼마나 든든하고 편리할까요?

저는 코딩이 마음처럼 되지 않을 때 자전거를 타고 경기도의 한 동네를 찾곤 했습니다. 그곳에서 근처 ATM에서 현금을 뽑아 할머니가 운영하는 구멍가게에 들러 1,500원짜리 시원한 청량음료를 사 먹고는 했습니다. ATM이 있던 그 자리는 직원 6명이 일하던 은행이 있었지만 인구가 줄면서 자연스럽게 지점을 폐쇄하고 그 자리에 현금인출기를 설치한 사실을 할머니의 이야기를 통해 알게 되었습니다. 비록 은행은 없어졌지만 여전히 그 자리에는 누군가를 위해 ATM은 일하고 있습니다.

API

—

단 한 사람을 위해 움직인다

API는 한 사람을 위해

ATM

현금인출기는 은행을 대신하여 돈을 입금하고 출금하는 기능을 합니다. 은행처럼 많은 업무를 처리할 수는 없지만 꼭 필요한 단순 업무는 가능합니다. 이는 API Application Programming Interface가 일하는 방식과 유사합니다. API는 컴퓨터와 컴퓨터 프로그램 간을 연결하는 '보이지 않는 끈'과 같습니다. 은행과 ATM 관계는 보이지는 않지만 연결돼 있습니다. 은행에서 현금 인출을 한다면 ATM에서는 그만큼 빠져나간 잔액이 보입니다. 반대로 해도 마찬가지입니다. API는 이렇게 컴퓨터와 프로그램이 연결되어 사용자가 원하는 일을 해주는 상호작용을 위한 '인터페이스 사양'을 말합니다.

만약 ATM이 없다면, API라는 프로그램 방식이 개발되지 않았다면 매번 은행에 가서 창구 직원에게 통장을 보여주고 돈을 입출금해야 합니다. 그렇게 되면 평일 낮 이외에는 현금을 찾기 어려울 테고 우리는 항상 현금을 준비하고 있어야 합니다. API가 덕분에 은행 직원을 통하지 않아도 은행 서버와 연결된 ATM을 통해 돈을 찾을 수 있게 됐습니다. 한 사람을 위해 운영되는 기차처럼 사용자를 만나러 가는 보이지 않는 프로그램 '끈'인 API가 있어 현대사회는 비대면으로 많은 일을 컴퓨터를 통해 처리할 수 있게 되었습니다.

API와 라이브러리의 차이

API와 라이브러리는 무엇이 다를까요? 이 두 단어의 개념을 혼동하는 경우가 많습니다. 실제로 현업에서 종사하는 개발자들도 두 단어를 혼용하여 쓰는 경우도 많습니다. 한 줄로 정리하면 'API는 추상적인 개념이고, 라이브러리는 API를 이용해 개발된 구현체'라고 볼 수 있습니다. 은행에서 ATM을 만든 이유는 은행 직원 대신 입출금 업무를 처리하기 위해서입니다. 만약 ATM을 만들고 은행 서버와 통신하지 않는다면 그저 비싼 기계 덩어리에 불과하지만, API라는 추상적인 개념이 있기 때문에 ATM은 은행을 대신해서 일을 처리하는 것입니다. 그렇기 때문에 API는 무언가 실제로 만들어져 있는 형상이라기보다는 서비스라고 할 수 있습니다. API는 어떻게 움직일까요?

데이터베이스를 움직입니다.

데이터베이스는 은행 금고처럼 매우 폐쇄적이어야 합니다. 권한이 있는 관리자만 출입할 수 있어야 합니다. API는 데이터베이스에 접근할 수 있게 도와주는 역할을 합니다. 내가 직접 가지 않아도 API라는 직원은 필요한 정보를 데이터베이스에서 꺼내옵니다. 이때 API는 데이터베이스 서버를 익숙하게 오가며 보안을 철저하게 지켜줍니다. 그렇기 때문에 안전하고 빠르게 서버와 데이터베이스를 움직이게 합니다.

통신을 담당합니다.

스마트폰에서 엄지손가락 한 번만 움직이면 지구 반대편에 있는 친구에게 0.1초 만에 메시지를 보낼 수 있는 것도 API 덕분입니다. 만약 API 없이 통신을 해야 한다면 기나긴 케이블을 지구 반대편까지 연결해야 할 것입니다. API는 스마트폰에서 보낸 글자를 서버에 들렀다가 친구의 스마트폰으로 대신 이동해주기 때문에 편리하고 원활하게 통신할 수 있게 해줍니다.

표준화를 담당합니다.

API는 개발자에게 시간과 비용을 절약할 수 있게 도와줍니다. 하나의 API로 아이폰, 안드로이드, PC 어느 환경에서도 개발자는 하나의 서비스만 생성하면 됩니다. 그리고 그 구현된 API를 각 제품과 운영체제가 알아서 활용할 수 있게 됩니다. 매번 다른 시스템에 맞춰 인터페이스를 만들지 않고 간소화된 개발을 진행할 수 있습니다. API라는 개념이 없었다면 개발자들의 야근은 더 길어졌을지 모릅니다.

세 가지 API 정책

API 정책은 대표적으로 세 가지 접근 방식을 취합니다.

프라이빗 API

기업 내부에서만 사용할 수 있도록 만드는 형식입니다. 내부에서만 사용하기 때문에 외부에서는 접근할 수 없도록 보안 처리를 합니다. 대표적인 예로 기업 내부 시스템인 인트라넷에서 사용할 수 있습니다.

파트너 API

기업이 데이터 공유를 동의한 특정 비즈니스 파트너에게 제공하는 방식입니다. 기업과 기업이 서비스를 융합하여 새롭게 제품을 출시하는 등 기업의 이익을 위해 주고받는 통신 방식입니다.

퍼블릭 API

모두에게 제공하는 API입니다. 이를 통해 개인 개발자는 물론 기업에서 애플리케이션을 개발하기도 합니다. 대표적으로 정부가 제공하는 공공 API가 있으며, 이를 통해 버스 승하차 알람 애플리케이션을 만들 수 있습니다. 퍼블릭 API는 개인정보가 담겨 있지 않은 공공정보에 많이 사용됩니다.

API

수많은 API가 우리의 일상에 스며들었습니다. 일어나자마자 확인한 오늘의 날씨는 기상청에서 제공하는 API 정보이고, 지하철을 탈 때 교통카드에 나타나는 잔액 역시 API가 나를 위해 움직였습니다. 식사를 하기 위해 들어간 식당의 키오스크 역시 종업원을 대신한 API가 쉽게 주문할 수 있도록 도와주었습니다. 한 사람을 위해 운행되었던 열차처럼 API는 오늘도 당신을 위해 움직이고 있습니다.

📝 알아두면 좋은 IT 용어

애자일 Agile

상황에 맞게 반복하며 목표를 달성하는 방식을 애자일이라고 합니다. 실리콘밸리에 구글, 페이스북 같은 회사들이 발전시켜온 조직 문화입니다. 우리 생활 속에 파고든 쿠팡도 역시 민첩하고, 발빠른 피드백의 기본 로직으로 온라인 마켓을 주름잡았습니다. 이렇게 변화에 즉각적으로 반응하는 개발 방식이 바로 애자일입니다.

❝ 단 한 사람을 위한 API ❞

『츠바키 문구점』(출처 위즈덤하우스)

당신이 차마 보내지 못한 편지, 츠바키 문구점에서 대신 써 드립니다.

오가와 이토의 장편소설 『츠바키 문구점』은 편지를 대신 써 주는 포포의 이야기가 나옵니다. 11대째 대필이라는 가업을 이어온 집안에서 태어난 주인공은 유년시절부터 엄격한 대필 교육을 받습니다. 먹을 가는 자세, 농도를 조절하고 필기구를 선택하는 방법, 갖가지 글씨체를 익혀야 했습니다. 편지지로 사용될 종이 종류와 크기, 가로쓰기와 세로 쓰기, 편지 봉투의 색상과 모양, 우표 모양까지 고려합니다.

좋은 편지의 첫 번째 조건은 의뢰인의 동기를 정확히 전달하는 것입니다. 그래서 대필가는 그들의 이야기를 경청합니다. 생선가게 아주머니의 늦더위 안부편지를, 애완원숭이의 장례식 조문편지를, 선생님을 향한 초등학생의 연애편지까지 다양한 목적을 위해 대신 편지를 씁니다. 그렇게 날아간 편지는 받는 이에게 안부와 감동을 전합니다. 이처럼 편지는 사람과 사람의 마음을 연결해주는 훌륭한 도구입니다.

—

컴퓨터에게 보내는 편지

컴퓨터에게 보내는 편지

말과 같은 역할을 하는 코딩

코딩을 '언어'라고 말하는 것은 왜일까요? 그 이유는 컴퓨터가 대화하는 방식이기 때문입니다. 외국인과 자유롭게 대화하기 위해서는 그 나라 언어를 배워야 합니다. 기계에게 명령을 내리기 위해서도 그 문법에 맞는 언어를 배워야 합니다. 여행하는 나라의 인사말을 외워가는 이유도 낯선 나라의 사람들과 소통하기 위해서인 것처럼 컴퓨터와 대화하기 위해서는 코딩이란 언어를 배워야 합니다.

코딩을 쉽게 설명하면 컴퓨터가 알아들을 수 있게 명령을 내리는 것입니다. 명령에 사용하는 언어를 '프로그램 언어'라고 말합니다. 중요한 일을 알리거나 부탁할 때 말보다 더 강한 설득력을 낼 수 있는 것이 바로 '글'입니다. 상대에 따라 말투와 문장을 교정한다면 더욱 설득하기 쉽습니다. 만약 어린아이에게 편지를 쓴다면 어떻게 써야 할까요? 어려운 문장은 대신 이해하기 쉬운 표현으로 문장의 호흡을 짧게 가져간다면 어린아이가 어렵지 않게 받아들일 것입니다.

그렇다면 컴퓨터에게 쓰는 편지는 어때야 할까요? 기계는 단순하고 분명한 것을 좋아합니다. 중간을 모르는 아주 정직하고 단순한 녀석입니다. 그리고 맞춤법이 틀리는 철자 오류를 매우 싫어합니다. 분명하고 명확하게 실수 없이 말해야 합니다. 학창시절 문제 하나라도 틀리면 혼내던 깐깐한 수학 선생님보다 더 엄한 녀석입니다.

언어의 선택

펜과 노트

『츠바키 문구점』의 포포는 의뢰인 이야기를 경청하고 편지를 쓰기 전 필기구를 선택합니다. 마음을 전하는 도구 중 기본은 펜입니다. 볼펜, 만년필, 붓펜, 붓, 유리펜 등을 선택합니다. 20년 전 헤어진 연인에게 편지를 보내고 싶은 의뢰인 소노다의 마음을 투영하기 위해 유리펜을 선택합니다. 이제는 편지지의 종류와 크기를 정해야 합니다. 상대방이 무거운 느낌을 받지 않도록 엽서를 선택했고, 색상부터 호칭까지 선택하여 포포는 네 번째 편지를 대필하는 장면이 나옵니다.

컴퓨터에게 보낼 편지도 상황에 따라 도구가 필요합니다. 만약 웹 프로그래밍을 개발하고 싶다면 그에 맞는 언어를 선택합니다. 쉽게 접근 가능하고 사용이 쉬운 PHP라는 필기도구는 가벼운 사이트에 어울릴 것입니다. 보안이 필요한 대형 시스템이라면 자바라는 필기도구가 적합할 듯합니다. 안드로이드 앱을 만들기 위해서는 코틀린으로, 아이폰 앱이라면 스위프트로 개발합니다. 코딩이라는 편지를 받을 컴퓨터에게 어울리는 도구를 선택한다면 컴퓨터를 더 잘 활용하고 설득할 수 있습니다.

개발자가 쓰는 편지

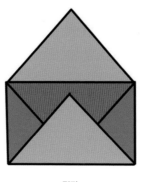

편지

대필가 포포가 배운 선대의 가르침 중 하나는 밤에는 감정에 치우치기 쉬우니 편지를 완성하는 최종 단계인 봉투를 봉하는 것을 아침에 실행하라는 가르침이 있습니다. 또한 조문편지를 위한 먹을 갈 때는 평소 방향과 달리 시계 반대 방향으로 갈아야 한다고 합니다. 농도는 평소보다 연하게 하고, 불경스러운 단어를 사용하면 안 된다며 대필가의 마음가짐을 가르칩니다. 이러한 가르침은 바로 도구를 대하는 대필가의 자세입니다.

프로그램 언어도 마찬가지입니다. 훌륭한 언어와 성능 좋은 컴퓨터가 있더라도 중요한 것은 개발자의 실력입니다. 같은 명령의 코딩이더라도 더 간결하고 단순하게 컴퓨터가 일하기 쉽게 만드는 능력, 어디로 튈지 모르는 사용자를 위해 꼼꼼하게 점검하는 기능을 담는 노력, 다른 개발자를 위해 주석을 충실하게 다는 마음을 필요로 합니다. 그것이 개발자이고, 프로그래머가 하는 일입니다.

개발자는 그렇게 코딩이라는 편지를 컴퓨터에게 보내 누군가의 마음을 움직이고, 편리함을 제공하고, 세상의 틀을 바꾸는 일을 하게 합니다. 개발자는 코딩이라는 편지를 쓰는 일을 하는 사람입니다.

      ⁶⁶ 코딩은 컴퓨터에게 보내는 편지를 쓰는 것입니다.
    그리고 편지를 쓰는 사람을 개발자라고 부릅니다. ⁹⁹

의미 없는 글자 g, i, t

깃^{git}은 리눅스 커널을 만든 리누스 토르발스가 개발하고 주니오 하마노^{Junio Hamano}가 지금까지 발전시킨 분산 버전 관리 시스템입니다. 파일 변경과 소스 관리를 도와주는 형상 관리 도구를 말합니다. 여러 개발자가 하나의 프로젝트를 개발할 때 파일 변경을 관리하고 나눠 개발한 소스를 하나로 모아주는 역할을 합니다. 학습자가 코딩할 때 소스 저장을 편리하게 하고 개발된 이력을 한눈에 확인할 수 있는 '버전 관리' 방식입니다.

git이라는 단어에는 무슨 의미가 담겨 있을까요? 뭔가 심오하고 오묘한 글자의 조합이면서 읽기도 매우 편합니다. 이 단어는 리누스가 유닉스 명령어 중에 없는 단어를 찾아서 만들다가 의미 없는 단어 세 글자를 조합한 것입니다. 그렇게 만들어진 단어를 보고 리누스는 '발음하기 좋네'라며 쿨하게 넘겼다고 합니다. 결국 git이란 단어는 특별한 문장의 줄임말도 아닌 창시자가 즉흥적으로 만든 재미난 단어입니다.

—

코딩을 세이브하다

쉬운 게임을 위한 버전 관리

게임패드

버전 관리^{Vension Control}란 무엇일까요? 쉽게 접할 수 있는 게임에 비유해보겠습니다. 게임을 하다가 실수로 캐릭터가 아웃될 경우를 대비해 플레이어는 다시 돌아갈 수 있는 지점을 저장^{save}합니다. 만약 저장 기능이 없는 게임이라면 한번에 게임을 끝내야 하는데 그렇다면 너무 가혹한 게임 환경이 될 것입니다. 하루 종일 하다가도 마지막에 조작 실수를 한다면 하루의 노력이 모두 물거품이 될 것입니다. 이러한 문제를 방지하기 위해 저장했던 것처럼 버전 관리는 다시 원하는 지점으로 돌아가는 게임 속 저장 기능과 비슷합니다.

- '처음 보스 만나기 전, 2022년 7월 1일. save'
- '중간 보스 만나기 전, 2022년 7월 2일. save'
- '최종 보스 만나기 전, 2022년 7월 3일. save'

이렇게 SAVE 파일을 저장해두면 언제든지 원하던 시점으로 다시 돌아갈 수 있고 작업이 한결 쉬워집니다. 버전 관리도 시스템에서 파일의 변화를 기록해두었다가 특정 시점으로 다시 돌아갈 수 있습니다. 데이터의 과거와 현재 상태를 관리한다고 볼 수 있습니다. 그런데 버전 관리는 꼭 코드와 개발자만을 위한 것은 아닙니다. 데이터가 있는 모든 플랫폼에서 적용 가능합니다. 이러한 버전 관리 방식은 크게 중앙 집중식 그리고 분산식 두 가지로 나뉩니다.

혼자 하는 숙제, 중앙 집중 버전 관리 방식

연필 한 자루

숙제 파일을 USB 이동식 디스크에 가지고 다니다가 잃어버린 경험이 있을 것입니다. 백업한 파일이 없다면 피눈물을 흘리게 됩니다. 저장소를 한곳에 두고 필요할 때마다 파일을 다운로드하여 작업하는 방식은 과거에 사용하던 위험한 저장 방식입니다. 이는 중앙 서버에 파일을 업로드하고 의존하는 방식입니다. 서버에 파일을 저장하고 다운로드하여 사용하는 웹하드와 비슷한 구조입니다. 서버에 의존하기에 중앙 서버에 문제가 생기면 사용할 수 없다는 큰 단점이 있지만 인프라가 부족한 환경에서는 아직도 많이 사용합니다. 장점은 관리자 한 사람이 모든 권한을 제어할 수 있다는 것입니다.

함께 하는 숙제, 분산 버전 관리 방식

연필 여러 자루

이번에는 5명이 모여서 조별 과제를 진행하고 결과물을 각자 USB에 저장하여 보관했습니다. 이때 한 명이 디스크를 잃어버려도 문제는 없습니다. 다른 조원이 저장한 파일을 받으면 됩니다. 이렇게 함께 모여 숙제를 하고 파일을 나눠 갖는 방식이 분산 버전 관리 시스템입니다. 바로 깃이 사용하는 방식입니다. 중앙 집중식 버전 관리 시스템과 동일하게 중앙 서버에 파일이 존재하지만 다른 원격 장치에서도 동기화된 파일을 갖고 있습니다. 파일을 가지고 있는 장치가 여러 대로 분산되어 있는 안전한 구조입니다.

이 방식의 장점은 중앙 서버에 문제가 있어도 클라이언트 PC를 통해 원상 복구가 가능합니다. 개발자 PC에서 독립적인 저장소와 개인 이력을 관리할 수 있기 때문에 개발 범위를 나눠 병렬로 개발할 수 있고 프로젝트를 개인 환경에서 자유롭게 테스트할 수도 있습니다. 이러한 많은 장점 덕분에 분산 관리 시스템을 사용하는 회사는 점점 늘고 있는 추세입니다.

📝 알아두면 좋은 IT 용어

데브옵스 DevOps

2009년 처음 등장한 단어로, 개발 Development과 운영 Operations의 합성어입니다. 데브옵스는 애플리케이션과 서비스를 빠른 속도로 제공할 수 있도록 조직의 역량을 향상시키고자 하는 개발 방법론입니다. 개발과 운영의 경계를 허물고 하나의 팀으로서 소통, 협업 및 통합을 강조하는 개발 환경이나 문화를 뜻합니다. 이를 활용하면 제품을 더 빠르게 혁신하고 개선할 수 있습니다.

깃은 꼭 필요할까?

수박

깃이 꼭 필요한 건 아닙니다. 멋진 분산 방식이 존재하지 않던 시절에도 SAVE 파일을 여러 개 두면서 수동으로 버전 관리하며 코딩하던 시절이 있었습니다. 하지만 이제는 다양한 사람과 모여서 개발하는 협업이 중요한 시대입니다. 프로젝트 크기가 거대해진 만큼 함께하는 코딩이 필요해졌습니다. 초등학교 아니 국민학교 시절 시원한 선풍기 앞에서 어머니가 챙겨주신 수박 한 입 베어물고 친구들과 웃고 떠들며 방학숙제를 하던 그때가 떠오릅니다.

❝함께 코딩하는 즐거움을 깃과 함께 누려보세요.❞

IT 이야기를 마친 후에

코드와 글, 오픈소스

책을 쓰면서 큰 도움이 된 두 개의 글쓰기 플랫폼이 있습니다. 여러분도 많이 사용하고 있는 브런치brunch와 개발자에게 잘 알려진 깃허브github입니다. 브런치에는 자신의 생각을 쓰고, 깃허브에는 컴퓨터에게 내리는 명령어를 쓴다는 차이가 있지만, 큰 틀에서 '쓰기'라는 공통점이 있습니다.

브런치는 작가를 희망하는 사람에게 출판의 기회를 열어주는 플랫폼입니다. 일련의 심사과정을 통과하면 누구나 글을 쓰고 그에 대한 피드백을 받을 수 있습니다. 자신의 생각과 시선을 담아 글을 쓰다 보면 자연스럽게 구독자가 모이고, 출판사에게 출판 제안을 받아 작가의 꿈을 실현하기도 합니다.

깃허브는 브런치에 비해 전문적인 지식을 필요로 합니다. 브런치와 비슷한 구조로 구성되어 있는 깃허브에서 자신이 코딩한 소스 코드를 공유할 수 있고 다른 개발자와 피드백을 주고받을 수도 있습니다.

브런치와 깃허브의 또 다른 공통점은 바로 '공유'입니다. 자신이 작성한 코드를 공유하여 누구나 접근해서 읽고, 참고할 수 있는 방법을 개발자 사이에서는 '오픈소스'라고 표현합니다.

글이 작품이 되는 공간, 브런치

브런치의 등장은 많은 걸 바꾸었습니다. 이 서비스는 숨어 있는 많은 작가들에게 날개가 되어 주었습니다. 제가 브런치를 사랑하는 이유는 좋은 글을 쓰는 작가들의 글을 보면서 배울 수 있기 때문입니다. 그리고 그렇게 배운 글에 나의 영감을 한데 뭉쳐 쓴 글쓰기는 다른 작가들에게 새로운 글감을 제공하는 선순환을 이어 갑니다.

소프트웨어를 개발하는 방법, 깃허브

깃허브는 개발자의 코딩 블로그이자 오픈소스의 대명사입니다. 좋은 글을 많이 볼수록 좋은 글쓰기가 가능한 것처럼 소스도 타인이 작성한 좋은 소스는 코딩의 재료가 됩니다. 예전에는 이런 좋은 소스를 만나기가 참 어려웠습니다.

하지만 깃허브의 등장으로 많은 게 변했습니다. 소스는 마치 숨겨 놓고 혼자만 사용해야 하는 지적 재산처럼 생각했던 IT 세계에서 오픈소스는 개발자들이 소스를 발전하고 융합할 수 있게 했습니다. 개발자 대부분이 이 서비스에 가입하여 다른 개발자의 소스를 업그레이드하거나, 오류를 수정하여 반영하면서 더 나은 코드가 되는 데 기여합니다. 만약 대형 소스에 이런 기여자가 된다면 개발자로 큰 이력이 됩니다. 저 또한 고코더 깃허브를 운영하고 있고 오픈소스를 작성하여 업로드하였습니다. 몇몇 개발자들은 제가 만들어 공개한 소스를 활용하여 공부하거나 업무에 사용한 대가로 '좋아요'를 누르고 감사 이메일을 보내기도 합니다. 개발자의 이력서에는 이런 깃허브 활동이 큰 장점이 됩니다.

제가 깃허브를 사랑하는 이유는 혼자서는 생각할 수 없는 로직과 기술을 누군가 공개한 내용으로 배우고 재조립하여 새로운 기술로 만들 수 있기 때문입니다. 이러한 선순환으로 인해 코딩은 계속 발전할 수 있습니다. 브런치와 깃허브 두 플랫폼에서 만들어낸 결과물은 즉각적인 리액션으로 피드백을 받을 수 있다는 것이 공유의 가치를 더 풍성하게 합니다.

IT와 에세이를 오픈소스로 즐기는 세상

"깃허브와 브런치, 코딩과 글쓰기의 가치를 높일 수 있는 건 바로 공유입니다."

자신의 소유가 중요하던 시대에는 좋은 글에 종이에 써서 혼자 읽거나 친구에게 보여주는 게 전부였고, 직접 만든 소스 코드가 재산처럼 여겨지던 시절이 있었습니다. 하지만 지금은 결과물을 공유하고, 공유된 자료에서 새로운 영감을 얻는 과정을 반복하면서 더 좋은 작품으로 새로운 가치를 만들 수 있는 세상이 되었습니다.

제가 잘하고 좋아하는 것이 코딩과 이야기입니다. 저는 이 두 가지를 엮어 남녀노소 누구나 IT를 쉽게 접하고 즐길 수 있다면 좋겠다는 생각으로 이번 책을 쓰게 되었습니다. 흥미롭게 읽은 내용이 머릿속에 남는다면 혼자서 간직하지 마시고 옆 사람에게 제가 쓴 내용을 토대로 비유부터 설명해보면 어떨까요? 오픈소스처럼 공유하다 보면 모두가 IT 지식을 쉽고 재미있게 즐길 수 있는 날이 올 것이라는 기대를 하며 여기서 이만 글을 마치겠습니다.

부족한 제 책을 읽어주신 독자 여러분에게 감사드립니다. 출간을 제안하고 함께 고생한 한빛미디어 박민아, 홍성신, 김민경 편집자와 언제나 응원해주는 브런치 구독자와 블로그 방문자 분들에게도 감사드립니다.

참고문헌

- 오가와 이토, 『츠바키 문구점』(위즈덤하우스, 2017)

- 김초엽, 『우리가 빛의 속도로 갈 수 없다면』(허블, 2019)

- 닐 메타, 아디티야 아가쉐, 파스 디트로자/김고명 『IT 좀 아는 사람』(윌북, 2021)

- 오쓰카 야스코/고주희 『작은 집을 짓는 65가지 아이디어』(시그마북스, 2019)

- 리누스 토발즈/안진환 『리눅스 그냥 재미로』(한겨레신문사, 2001)

- 가지가야 요코/김수정 『1일 5분 정리 수납 정돈법』(즐거운 상상, 2019)

- 마커스 드 사토이/박유진 『창조력 코드』(북라이프, 2020)

- 박혜진, 심우장. 『구멍가게 이야기』(책과함께, 2021)

- 찰스 무어, 커샌드라 필립스, 『플라스틱 바다』(미지북스, 2013)

- 로날트 D. 게르슈테/강희진 『날씨가 만든 그날의 세계사』(제3의공간, 2017)

- 박준석, 오정석 글/김혜령 그림 『코딩하기 전 코딩책』(동아시아 사이언스, 2021)

- 줄리안 슈나벨, 영화 〈잠수종과 나비〉

- 프레더릭 와이즈먼, 영화 〈뉴욕 라이브러리에서〉

- 줄리언 슈나벨, 영화 〈바스키아(Basquiat)〉

- 릴리 워쇼스키, 라나 워쇼스키, 영화 〈매트릭스1〉

- 실버 픽처스애덤 맥케이, 영화 〈돈 룩 업〉

- 김정운, 강연 〈창조는 편집이다〉

- 위키백과, 『스푸트니크 1호』 (https://ko.wikipedia.org/wiki/스푸트니크_1호)

- 위키백과, 『바우하우스』 (https://ko.wikipedia.org/wiki/바우하우스)

- Ben, Scott 『Git Book』 (https://git-scm.com/book/ko/v2)

- NAVER, 『데이터센터 각』 (https://datacenter.navercorp.com/)

- 삼성디스플레이 뉴스룸, 『원하는 정보만 수집한다! 크롤링과 빅데이터 분석 활용』
  (https://news.samsungdisplay.com/2290)

- Samsung Newsroom Korea, 『삼성의 그린 반도체, 친환경 기술로 또 앞서가다』
  (https://news.samsung.com/kr/464)

- Microsoft, 『Project Natick Phase 2』 https://natick.azurewebsites.net/

- Richard Peterson, 『MariaDB vs MySQL: What is the Difference Between MariaDB and MySQL』 (https://www.guru99.com/mariadb-vs-mysql.html)

- Tonino Jankov, 『MariaDB vs MySQL, a Database Technologies Rundown』 https://kinsta.com/blog/mariadb-vs-mysql/

- Sadho Ram, 『Why The Japanese Government Is Keeping A Defunct Train Station Running For One Passenger』 https://says.com/my/news/kami-shirataki-train-station

- Mark Hall, 『Oracle Corporation』 https://www.britannica.com/topic/Oracle-Corporation

- Rajan Krishnan Von Orakel 『Ai Sollte Uns Auf Eine Reise Aus Dem Nachhinein, Zur Einsicht, Zur Letzten Vorausschau Bringen』 (https://www.climathonboston.com/rajan-krishnan-of-oracle-ai-should-take-us-on-journey-from-hindsight-to-insight-to-ultimately-foresight-3816)

- Stadia, 『About Stadia』 (https://stadia.google.com/)

- AWS, 『What is a Relational Database? 』 (https://aws.amazon.com/relational-database/)

- OCI, 『What is a Relational Database(RDBMS)?』 (https://www.oracle.com/database/what-is-a-relational-database/

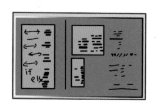

오늘부터 IT를 시작합니다